弦外之音
言外之意

田磊 著

贵州出版集团
贵州人民出版社

图书在版编目（CIP）数据

弦外之音　言外之意 / 田磊著. -- 贵阳 : 贵州人民出版社，2025. 8. -- ISBN 978-7-221-19186-1

Ⅰ. H019-49

中国国家版本馆CIP数据核字第20252RY547号

XIANWAI ZHIYIN　YANWAI ZHIYI

弦外之音 言外之意

田　磊　著

出 版 人　朱文迅
责任编辑　徐楚韵
装帧设计　毕海霞

出版发行　贵州出版集团　贵州人民出版社
地　　址　贵阳市观山湖区中天会展城会展东路SOHO公寓A座
印　　刷　三河市泰丰印刷装订有限公司
版　　次　2025年8月第1版
印　　次　2025年8月第1次印刷
开　　本　710毫米×1000毫米　1／16
印　　张　12
字　　数　185 千字
书　　号　ISBN 978-7-221-19186-1
定　　价　58.00元

弦外之音 言外之意

——5 步教你读懂潜台词

你是否曾因一句“不急，有空再做”而拖延工作，却在项目截止日期前被领导批评工作态度散漫？是否曾因爱人的那句“我没事”，而错过陪伴和沟通的机会？语言是人类沟通的桥梁，但其中真正重要的信息往往藏在字面之外。《弦外之音 言外之意——5 步教你读懂潜台词》正是为了帮助你捕捉这些隐含的语言信号，揭示对话背后的真实意图。本书将通过五个实用的步骤，带你深入语言的迷宫，解析那些不易被察觉的情感与需求。

在快节奏的现代社会，潜台词如同隐藏在语言背后的暗线，串联起人际交往的深层逻辑。职场中，领导的一句“年轻人要多锻炼”，可能暗含着对员工能力提升的期待；同事委婉提醒“你的想法很有个性”，或许在暗示你方案执行层面的欠缺。家庭生活中，爱人抱怨“你最近挺忙啊”，实则渴望更多的陪伴和关注；孩子说“我自己能处理”，可能是想获得独立成长的空间……若对话语的理解仅停留在其表层，不仅容易造成误会，更可能错失关系进阶的良机。

本书从职场与家庭两大核心场景出发，通过真实鲜活的场景故事，还原潜台词背后的矛盾与冲突。深入剖析这些案例，揭示潜台词背后的心理动机，提供具体的应对策略，助你在复杂的人际网络中游刃有余地应对，最终实现有效沟通，构建和谐关系。无论是初入职场的新人、渴望改善关系的伴侣，还是希望与孩子建立深层连接的父母，都能从中受益。掌握读懂潜台词的智慧，学会在言辞间捕捉深意，让每一次对话都成为心灵沟通的桥梁，增进彼此的理解与信任。

读懂潜台词，其本质是对人性的洞察，是情感的共鸣。当你掌握了这项本领，不仅能避免职场中的误解与冲突，提升工作效率与职业口碑，更能在家庭生活中化解矛盾，让沟通充满温度。翻开这本书，跟随这些场景故事，开启一场跨越语言屏障的心灵对话，你会发现，原来那些未曾言明的情感与期待，如同夜空中闪烁的星辰，将指引你走向更加丰盈的人生。

目 录

第一篇 职场篇

一、关于工作安排的潜台词

二、关于人际关系的潜台词

三、关于工作状态的潜台词

第二篇 家庭篇

一、与爱人相处的潜台词

二、与父母相处的潜台词

三、与孩子相处的潜台词

第一篇

职场篇

一

关于工作安排的潜台词

01 领导说“这个任务交给你我放心”：是高信任还是高风险？

“小张，这个项目交给你，我放心。”领导微笑着拍了拍小张的肩膀。

小张点了点头，说：“领导，我一定全力以赴。”

领导端起茶杯，意味深长地微笑着，对小张说：“你做事一向稳妥，不要急功近利。”

小张面露疑惑，问道：“您的意思是……这次要稳扎稳打？”

领导轻叹一声：“市场环境复杂，有些事……不能只看表面。”

小张试探道：“那项目的预算和周期，是否需要调整？”

领导意味深长地说：“你看着办，我相信你的判断。”

小张沉默片刻，终于开口：“明白了领导，我会谨慎处理。”

领导满意地点点头，说：“好，那就辛苦你了。”

走出办公室，小张攥紧文件——领导的那句“放心”，究竟是真的信任，还是另有所指？

如何把握领导话语的含义

职场中，我们在理解领导说“这个任务交给你我放心”时，应当把握以下重点信息：

语境暗示：领导特意提到“有些人急功近利”，暗示该项目需要稳扎稳打。

风险提示：领导对“市场环境复杂”的补充说明，实际是在提醒项目存在潜在变数。

隐性期待：领导强调“相信你的判断”，其实是希望员工能主动发现问题，而非被动执行。

责任归属：领导让员工“看着办”，是要求员工对可能的风险承担预判责任。

信任的边界：领导口中的“放心”不等于放任，而是对员工职业敏感度的考验。

领导可能的言外之意

当领导说“这个任务交给你我放心”时，可能包含以下言外之意：

① “我相信你的能力。”

领导认为你具备完成任务所需的各项能力，对你的工作能力有信心。

② “我需要你在这个任务上承担更多责任。”

领导可能是希望你在此项任务中承担更多的责任。

③ “我需要你提供解决问题的方案。”

领导可能希望你在任务中不仅完成基本要求，还能独立解决问题。

④ “我需要你跟我随时保持沟通。”

领导可能希望你在任务进行过程中与其随时保持沟通，及时向其汇报工作进展和遇到的问题。

⑤“我需要你处理好利益相关者的关系。”

领导可能是希望你在任务的执行过程中处理好与各方利益相关者的关系，确保任务顺利进行。

得体的应对策略

确认关键点

例如，“领导，关于这个项目，您觉得最需要把控的风险点是哪些”（引导领导明确风险）。

主动划定边界

例如，“领导，目前预算和周期比较紧张，如果遇到 ×× 情况，您建议优先保证质量还是先保证进度”（明确决策权限）。

建立汇报机制

例如，“我每周五整理一份风险简报发您邮箱可以吗”（既展示主动性，又留有痕迹）。

试探真实意图

例如，“领导，之前类似项目在 ×× 环节出过问题，这次需要特别规避吗”（用具体问题试探真实意图）。

争取资源支持

例如，“如果要确保万无一失，能否请 ×× 部门的 ×× 配合把关技术方案”（争取实际支持）。

如果小张把领导的“放心”理解为领导对自己的完全信任，以为只要按部就班地完成工作就可以高枕无忧，那么他就忽略了领导话语中的暗示——“有些人急功近利”“市场环境复杂”等提醒他项目有潜在风险。他可能会对任务难度产生误判，盲目乐观地认为任务简单易行，从而在面对技术难题、资源短缺、市场风险等潜在问题时毫无准备，导致项目的执行陷入困境。

02 领导说“不急，有空再做”：是任务紧急程度的密码，还是领导的缓兵之计？

最近，小李正为一个紧急的项目加班。

一天下午，他去找领导汇报进度，说：“领导，这个项目时间紧任务重，我担心来不及。”

领导抬起头，微微一笑：“不急，你有空再做。”

小李有点儿不知所措，急切地说：“可是客户那边催得很紧。”

领导却摆摆手，说：“客户那边我来沟通，你先把手头上其他的事情做完。”

小李无奈，只能先去做其他工作，心里却充满不安。

项目最终因延误被客户投诉，但领导只是轻描淡写地说：“小李，下次注意！”

小李站在原地，手足无措，不知该如何是好……

如何把握领导话语的含义

职场中，我们在理解领导说“不急，有空再做”时，应把握以下重点信息：

项目性质与领导态度的冲突： 明明是“紧急项目”，领导却说“不急”，这种矛盾需要警惕。

责任归属的模糊化： 领导的“有空再做”将时间管理责任转嫁给下属。

风险转嫁： 领导可能预见项目存在潜在风险，故意与之保持距离；但领导又说“客户我来沟通”，实则是保留问责时的解释权。

领导可能的言外之意

当领导说“不急，有空再做”时，可能包含以下言外之意：

① “这个任务不是最紧急的，可以稍后处理。”

领导可能认为当前有更紧急的任务需要优先处理，这个任务可以暂时放一放。

② “我不确定这个任务是否真的需要完成。”

领导可能对任务的必要性或重要性有所怀疑，不想急于推进。

③ “我想多给你一些时间准备和思考。”

领导可能希望你有更多的时间准备或思考与任务相关的内容，确保任务能够高质量完成。

④ “我对这个任务的细节或方向还有些别的想法。”

领导可能对这个任务的具体细节或方向还有一些不确定的地方，需要进一步思考。

得体的应对策略

主动确认优先级

例如，“领导，那这个项目和 × × 相比，我应该先处理哪一个”（提问优先级）；“领导，您觉得这个项目大概什么时候开始着手比较合适”（明确时间节点）。

了解领导的真实意图

例如，“领导，您觉得这个项目目前最大的挑战是什么，我需要提前做好哪些准备”（询问背景）；“领导，这个项目目前是不是可以暂时一放，等有更明确的方向后再推进”（确认需求）。

建立反馈机制

例如，“领导，这个项目客户那边催得很紧，如果再不推进，可能会造成损失”（强调进度）；“领导，我们可以先安排一些关键任务，比如××，这样可以避免不必要的麻烦”（提出建议）；“领导，我制订了一个推进计划，麻烦您看看是否可行。如果有需要调整的地方，您随时告诉我”（制订计划）；“领导，我每周向您汇报这个项目的进展，您看可以吗”（定期汇报）。

小李听到领导说“不急，有空再做”时，第一反应是松了一口气，以为领导是在给他的工作减压，让他先处理其他的紧急任务，于是就把这个项目暂时搁置了。但其实领导可能是想让小李在处理手头上紧急、琐碎的工作的同时跟进项目，或者领导没有意识到客户要求的紧迫性，因此对项目的完成时间没有明确的要求。小李如果只听懂了领导话里的表面意思，那便不会及时推进项目，但实际上领导还在等着小李完成任务。这种表面的理解可能会让小李面临客户的催促和项目的延误，甚至可能影响到小李在领导眼中的工作表现，让他陷入尴尬和焦虑的境地。

03 领导说“大家一起努力”：是全体动员，还是责任稀释？

公司季度会议上，下滑的业绩数据让会议室里的空气凝固。领导环视众人，微笑着说：“大家辛苦了，接下来我们一起努力，共渡难关。”

散会后，老王跟新人小林说：“‘一起努力’的意思是让我们多干活儿……”

小林不解：“领导不是在给我们加油打气吗？”

第二天下班后，领导路过办公区，看到小林正在加班，拍拍他的肩，说：“年轻人就是有冲劲儿，团队就需要你这样努力、勤奋的员工。”

月末，小林独自完成的方案被领导署名为“部门协作成果”，并在会议上大加赞赏。

小林哑然。“大家一起努力”的口号回荡在耳畔……

如何把握领导话语的含义

职场中，领导说“大家一起努力”时，员工需要把握以下关键信息：

“大家”的真实指向： 领导口中的“大家”往往特指基层员工而非管理层。

责任转移的信号： 领导说“一起努力”，可能意在将整体业绩压力转嫁给执行层。

成果归属： 集体名义下的个人付出，最终可能被模糊为团队成果。

署名权的潜规则： 领导默认拥有成果署名的调配权。

隐形的加班文化： 表扬员工勤奋，实则鼓励员工无偿加班。

领导可能的言外之意

当领导说“大家一起努力”时，可能包含以下言外之意：

① “完成这项任务需要团队合作。”

领导强调团队合作的重要性，是希望团队中的每一个成员都能积极参与，并主动承担任务。

② “我希望每个人都能发挥自己的优势。”

领导希望每个团队成员都能发挥自己的专长，为团队贡献力量。

③ “我需要大家积极参与和无私奉献。”

领导希望每个团队成员都能积极参与到工作中，并无私奉献自己的智慧和力量，共同推动项目顺利进行，实现团队目标。

④ “我希望大家能够共同应对挑战。”

领导希望团队成员能够共同应对挑战，遇到问题不退缩，积极寻找解决方案。

得体的应对策略

设置响应边界

例如，“我会负责 A 部分的工作，建议 B 部分由 ×× 牵头”（明确具体分工）；“领导，我已经完成负责的模块，其他同事的工作进度还需要进一步确认”（明确个人贡献）。

制造可见性

例如，“附件为独立完成的方案，请团队指正”（将工作成果通过邮件抄送相关人员）；“这个方案我在 ×× 方向做了突破，其他部分期待同事补充”（公开表述）。

反向试探

例如，“领导，这个项目需要协调其他同事时，能否请您协助沟通”“领导，要达到目标可能需要 ×× 的资源支持”（测试领导真实的投入意愿）。

构建防御性认知

例如，建立“响应≠盲从”的思维，对集体话语保持响应延迟期（建议为 1 ~ 3 天）；培养“追问—确认—留痕”的标准应对流程。

如果小林只理解领导说的“我们一起努力”的表面意思，可能会误以为这是领导动员全员协作的信号，并主动承担超出自己职责范围的工作，最终导致个人劳动成果被模糊化——比如他熬夜完成的方案，可能被归为“团队成果”。更危险的是，如果只理解了领导的表面意思，会让小林忽略责任归属的潜规则：当领导说“我们”时，往往意味着责任在下属；说“一起”时，实际执行者可能只有特定的某个人。

04 领导说“按你的想法来”：是授权还是放任？

研发部小林第七次修改的产品升级方案被退回。她攥着方案冲进经理办公室。

“王经理，这个方案风险太大，成本也超标了。”小林的声音有些颤抖。

经理坐在办公桌前，似笑非笑地说：“小林啊，年轻人脑子灵活、主意多，按你的想法来。”

小林愣在原地，记忆回到上个月。

当时，同事小李同样提出了一个创意十足的方案，王经理也是这句“按你的想法来”，可项目失败后，小李却成了背锅侠。

她看着王经理，喉头发紧，欲言又止……

如何把握领导话语的含义

职场中，在理解领导的“按你的想法来”时，可以主要从以下几方面捕捉信息：

决策背景：判断领导是在主动放权，还是被动回应。若领导是在公开场合被多方质疑时说出这句话，可能是缓解自身压力的权宜之计，而非真正认可员工的想法。

利益风险：观察领导是否回避关键责任。若领导未明确资源支持或责任分担，这句话可能隐含“后果自负”的潜台词。

领导风格与历史行为：回顾领导对其他同事类似表态的后续反应。若曾有同事因“按想法来”背锅，则需要警惕这可能是领导的“免责话术”。

核心原则：职场中没有“无条件地信任”，领导的“支持”往往伴随隐性期待或免责需求。

领导可能的言外之意

当领导说“按你的想法来”时，可能包含以下言外之意：

1. **“我相信你的判断能力。”**

领导认为你具备足够的能力和判断力，可以独立完成这项任务。

2. **“我希望能发挥你的专长和创造力。”**

领导希望你能够发挥自己的专长和创造力，并找到最佳的解决方案。

3. **“我需要你展现领导力。”**

领导希望你在完成任务的过程中不仅完成自己分内的工作，还要担任带领团队或协调资源的重要角色，确保团队高效协作，顺利完成任务。

4. **“我需要你提供详细的计划和方案。”**

领导可能希望你能够提供详细的计划和方案，并确保能进行良好沟通，建立反馈机制，以便领导及时调整方向。

得体的应对策略

锁定权责边界

例如，故事中的小林可以针对方案中预算超支的部分问领导“这部分需要调用去年预留的创新基金，但财务要求必须有您的签字确认。您看是现在批一下，还是我们先启动其他的环节”（锁定权责边界，避免独自背锅）。

制造共同决策证据链

例如，领导下达指示后的 24 小时内，给领导发送邮件，内容可为“根据您今天的指示，我部将按 ×× 方案推进，烦请您确认”（领导决策留痕）。

搭建风险缓冲带

例如，分阶段推进，观察领导反应；定期汇报工作，将决策权抛回给领导（预留修正接口，随时调整方向）。

若小林仅从表面理解王经理的这句“按你的想法来”，会产生认知偏差，进而引发一系列职场问题。王经理的这句话看似是在放权，实则暗藏玄机：当领导不提供具体的支持却鼓励员工“大胆尝试”时，往往是在预留追责的空间。此时，小林若贸然行动，可能重蹈小李的覆辙——成功是团队功劳，失败则成个人过失。并且，这种模糊授权会让小林误判风险边界，在缺乏资源保障的情况下孤军奋战。

05 领导说“先做起来再说”：是希望项目快速启动，还是存在流程漏洞？

市场部李总突然召集全员开会。屏幕上，竞争对手的营销方案和小林团队筹备了三个月的项目高度重合。

“必须抢在他们前面上线！”李总激动地拍着桌子说，“小林，你们组负责跟进，先做起来再说！”

“可是李总，我们的预算还没批，供应商也没定下来……”小林攥着会议记录本说道。李总起身往外走，只丢下一句：“特殊情况特殊处理，工作不能按部就班！”

散会后，小林望着空荡荡的走廊——李总办公室的灯已经熄灭了，思绪停在“高效执行”的标语牌上……

如何把握领导话语的含义

职场中，在理解领导的“先做起来再说”时，需抓住以下关键信息，避免陷入执行误区：

确定工作方向与目标： 领导可能对工作已经有了初步的安排，但尚未细化具体目标。员工需要基于以往经验、行业常识和对领导过往意图的了解等，初步判断工作的大致方向。

确认工作优先级： 领导的这句话可能暗示这项工作具有一定的紧迫性，需要优先开展。此时，员工要合理安排自己的工作计划，将手头的其他工作进行梳理。

预估资源需求： 员工需提前思考完成这项工作可能需要的资源，包括人力、物力、财力等。同时，要清楚地认识到领导可能暂时无法提供具体的资源支持，员工需要在工作过程中灵活调配现有资源，并及时向领导反馈资源短缺的情况。

潜在风险识别： 员工要对可能出现的风险保持警惕，提前做好风险评估和应对预案。

领导可能的言外之意

当领导说“先做起来再说”时，可能包含以下言外之意：

① “不要犹豫，先行动起来。”

领导可能希望员工不要多虑，尽快开始行动，哪怕一开始方案实施得不理想也没关系，在实施的过程中可以随时调整和改进。

② “我需要你快速建立信心和动力。”

领导希望你能够快速通过行动建立信心和动力，从而更好地完成任务。

③ “我给你一些自主权，希望你主动推进。”

领导可能是希望员工主动推进任务，展示其解决问题的能力。

④ “我需要你快速验证方案的可行性。”

领导希望员工能够快速启动项目并验证方案的可行性，以便对方案做出进一步调整和优化。

得体的应对策略

主动询问关键信息

例如，“领导，您能大致描述一下这项工作的目标和期望成果吗”或者“您觉得这项工作的核心要点是什么”（获取工作方向和重点线索）。

制订工作计划

例如，“本周内确定年会主题，下周开始预订场地，再下周开始策划节目”（分解任务，确保方案推进）。

建立反馈机制

例如，“领导，根据目前的工作计划，我们需要增加两名技术人员来共同完成项目，您看是否可以帮忙协调一下”（及时汇报工作，寻求领导支持）。

及时调整

领导可能会在工作过程中给出新的指示或反馈，员工要根据这些反馈及时调整工作策略。对于领导提出的意见，要认真分析其背后的意图和目的，确保调整后的方案能够顺利实施。

如果小林只理解了领导“先做起来再说”的表面意思，可能会陷入典型的职场执行陷阱。这句话看似是在鼓励员工行动，实则隐含对策略和行动方向的深层次考量。此时，如果小林盲目执行，可能导致方向偏差，造成资源浪费，甚至影响团队整体效能。首先，在预算未批、资源未定的情况下贸然行动，轻则导致项目质量下降，重则引发连锁反应，影响全局。其次，领导的这种模糊指令往往伴随着责任转移——成功了是领导决策果断，出问题了则归咎于员工执行不力。

06 领导说“手头的项目先放放”：是优先级洗牌，还是彻底停摆？

小李正全力推进一个重要的市场调研项目，为此已经投入了大量时间和精力。

一天，领导突然把他叫到办公室。

领导神情严肃地说：“小李，公司现在有个重要的活动策划，需要马上启动，你手头的项目先放放。”

小李愣了一下，急忙说道：“领导，这个市场调研项目的数据已经收集得差不多了，要是现在停下来，之前的努力就白费了……”

领导打断他，语重心长地说：“这个活动策划很重要，客户催得很急。”

小李着急地说：“可是调研项目有时间要求，如果现在停下来，可能就没法按时完成了。”领导皱了皱眉，说：“按照我说的做，其他的以后再说。”

小李心情沉重地走出了领导办公室……

如何把握领导话语的含义

职场中，在理解领导的“手头的项目先放放”这句话时，应该把握以下重要信息：

项目优先级的变化： 员工应该有紧急任务优先的意识，能够理解领导的决定是基于公司整体的优先级调整，而不是对当前项目不重视。

“先放放”的具体含义： 领导说“先放放”的意思往往是将项目暂时搁置，而非彻底停摆，需要等待合适的时机继续推进。此时，员工需要理解这只是领导的短期调整，而不是长期决策。

领导的决策背景： 领导的每一个决策都是基于公司整体利益和当前任务的紧急情况做出的。员工应积极配合，共同推动项目开展，实现团队目标。

领导可能的言外之意

当领导说“手头项目先放放”时，可能包含以下言外之意：

① **“手头的项目先放放，我们先处理更紧急的任务。”**

领导可能认为当前有其他更紧急或更重要的任务需要优先处理。

② **“项目的方向或需求可能需要调整。”**

领导可能觉得当前项目的方向或需求需要重新评估或调整。

③ **“项目可能面临一些问题或不确定性。”**

领导可能意识到项目在资源、时间或目标等方面存在一些不确定性，需要进一步评估。

④ **“我需要你先调整心态或状态。”**

领导可能注意到员工当前的工作压力较大，希望员工甚至整个团队先调整心态或状态，确保任务能够高质量完成。

得体的应对策略

明确问题：例如，“领导，我理解 A 项目很紧急，但我担心如果 B 项目暂停太久，之前的努力可能会白费。您看我们能不能在暂停期间做一些必要的准备工作”（表达担忧，提出建议）。

理解紧急任务优先，调整心态：员工需要理解领导的决策是基于公司整体利益和长远发展做出的，此时员工需要调整心态，接受项目暂时搁置的现实。另外，即使项目被搁置，也应该保持积极的工作态度，主动参与新的项目，展现自己的能力和责任心。

记录项目进度：应该详细记录当前项目的进度，包括已完成的工作、遇到的问题、下一步计划等。这样即使项目被搁置，也能在后续重启时快速找到切入点，避免重复劳动。另外，应确保已经做好所有重要数据和资料的备份工作，避免因项目搁置导致数据丢失或失效。

灵活应对，展现能力：在参与领导安排的新的项目时，应当全力以赴，展现高效的工作状态和解决问题的能力。这不仅能帮助公司顺利完成紧急任务，也能让领导看到员工的能力和价值。过程中，如果发现需要优化的地方要主动提出优化建议，帮助公司提高效率。

如果小李只理解了领导“手头的项目先放放”的表面意思，他可能会误以为领导只是让他暂时停下当前项目，等有时间再继续推进。首先，小李可能会觉得领导没有意识到市场调研项目的重要性，认为自己的努力没有得到认可，甚至怀疑领导是否真正了解项目的情况。其次，小李可能会担心手头的项目被搁置太久，将导致之前收集的数据失效，或者错过最佳的调研时机。最后，小李可能会误解领导的意图，以为领导更看重新项目，而忽视了他正在负责的项目，甚至觉得公司对工作分配不公平，从而影响工作的积极性和归属感。

07 领导说“这只是初步想法”：是模糊指令，还是甩锅前兆？

公司研发团队正面临一个重要项目的决策。团队负责人小李带着精心准备的方案来到领导办公室。

小李满怀期待地对领导说：“领导，这是我们团队经过反复研究和测试后，为新项目制定的详细方案，从技术路线到市场前景都做了全面评估，我们一致认为这是目前的最优选择。”

领导接过方案，翻看了几页，微微皱眉，说：“嗯，你们的想法不错，不过这只是初步想法。需要考虑的因素还有很多，比如竞争对手的动态、公司整体战略的调整等，不能急于求成。”

小李有些着急地说：“领导，我们已经充分考虑了这些因素，如果再拖，可能会错过最佳时机……”

领导打断他，耐心地说：“我知道你们很努力，但我们还要评估项目的风险和收益。你先回去，等公司有进一步决策我再通知你们。”

小李无奈地离开，团队的方案就这样被搁置……

如何把握领导话语的含义

职场中，在理解领导说“这只是初步想法”时，应该把握以下重点信息：

方案是否进入决策阶段： 领导并非否定方案本身，而是强调需要结合公司的整体战略、市场竞争等因素进行综合评估。

视角需要拓宽： “初步”可能暗示目前团队方案仅限于技术或执行层面，而领导期待更宏观（如战略、竞争、风险等方面）的思考架构。

存在潜在风险： 领导未具体否定，但用“初步”这个词委婉表达了对某些关键因素（如资源、优先级）的保留态度，需进一步挖掘。

主动权在领导手中： 这句话可能是领导想要“暂停”方案的信号，后续进展取决于高层评估，而非团队单方面的方案优化。

领导可能的言外之意

当领导说“这只是初步想法”时，可能包含以下言外之意：

① “这个想法还需要调整。”

领导可能认为这个想法还不成熟，需要进一步讨论和调整。

② “我希望听听你的意见和建议。”

领导希望员工可以提供能够帮助团队调整、完善方案的意见和建议。

③ “这个想法的实施需要考虑很多其他因素。”

领导可能意识到这个初步想法的实施还需要考虑很多因素，比如资源、时间、市场等。

④ “这个想法需要与上级或相关部门沟通。”

领导可能觉得这个想法还不成熟，需要与上级或相关部门进一步沟通，以获得更多的支持和反馈。

得体的应对策略

主动询问领导意见

例如，“领导，您觉得方案在哪些方面还需要进一步完善”或者“您觉得我们在哪些关键点上还需要做研究和分析”（主动询问，避免盲目修改）。

了解公司战略性资源情况

例如，“领导，您能给我们讲讲公司目前的战略重点和资源分配情况吗？这样我们能更好地调整方案，使其更符合公司的整体规划”（了解公司战略，确保目标一致）。

重新审视方案细节

例如，组织团队成员对方案重新进行全面评估。

团队内部讨论和分工

例如，根据团队成员的专业和特长进行分工，确保每个关键问题都有专人负责，从而提高团队的工作效率。

如果故事中的小李仅将领导的“这只是初步想法”理解为方案本身不够成熟，可能会出现以下误判和问题。

首先，团队可能陷入无效修改的循环，反复打磨技术细节而忽视领导真正关注的问题；其次，小李可能因急于证明方案成熟度而忽视收集行业动态等关键数据，导致后续汇报偏离领导的核心关切。更严重的是，这种片面理解会造成团队与管理层的认知错位——团队持续进行技术优化，而领导等待战略层面的补充论证，最终导致项目窗口期被错过。

08 领导说“你和 ×× 配合完成”：是共同完成任务，还是设立隐形的主从关系？

项目攻坚会上，策划专员小周将熬夜修改的方案递给陈总：“这是根据领导要求调整的联名方案……”

“小周啊，这个方案让小郑配合你完成。”陈总指了指企划书封面的“主策划”。

小周说：“小郑上周交的策划案，连景区客流量数据都……”

“年轻人需要锻炼。”陈总打断小周的话，“小郑是艺术学院的高才生，工作上你们要多沟通、多交流。”

下午，小周抱着材料去陈总办公室，听见里面传出的通话声：“董事长放心，小郑的名字一定放在第一位……”

如何把握领导话语的含义

职场上，当领导下达“配合完成”的指令时，应重点捕捉以下隐性信息：

主导权归属： 领导口中的“配合完成”，是平等协作，还是对方主导？若领导特意提及对方背景（如“高才生”“有经验”等），可能暗示对方资历占优势。

署名与功劳分配： 观察领导是否强调“共同负责”或刻意回避署名问题，警惕劳动成果被稀释或转移。

判断领导的潜在动机： 领导的目的是让员工单纯培养新人、传授经验，还是要借机分散员工的职权，或为关系户“镀金”？

评估配合对象的背景与能力： 确定配合对象是否有特殊关系（如高层推荐、嫡系等），若有，需谨慎对待、避免冲突。另外，还要考察配合对象的能力，若对方能力明显不足，无法配合完成工作，需提前留存记录，防止因对方的失误牵连自己。

领导可能的言外之意

当领导说“你和 ×× 配合完成”时，可能包含以下言外之意：

① “我希望你们发挥各自的优势，共同完成任务。”

领导可能是希望你和另一位同事能够发挥各自的优势，互补不足，明确分工，共同完成任务。

② “我希望你们能够通过合作建立良好的工作关系。”

领导可能是希望你和这位同事能够通过本次合作建立良好的工作关系，为未来的合作打下坚实的基础。

③ “我希望你们能够通过本次合作提升个人能力。”

领导可能是希望你和另一位同事能够主动沟通，通过合作提升个人能力和专业技能。

得体的应对策略

确权留痕

例如，“领导，为确保工作效率，可否明确划分我与 ×× 的具体分工”（让领导划定责任边界）。

杠杆借势

例如，以“更好地配合 ×× 的工作”为由，向领导申请权限；或在跨部门会议中“无意”展示自己的专业储备，暗示自己才是实质的操盘手。

心理抽离

将该项目标注为“镀金型任务”，主动申请参与同期能产生硬核成果的工作。

在周报中拆分“协同支持”与“独立产出”，确保有不可被掠夺的业绩锚点。

如果故事中的小周仅理解陈总让小郑和自己一起完成任务的表面意思，而忽略领导的深层意图，可能会误判合作的性质，耗费精力指导新人却弱化了自身的主导权，导致个人发展受限。其次，小周可能忽视署名暗示，导致方案成果被小郑以“第一作者”的名义占据。最后，若小周坚持指出小郑的数据错误，有可能触犯职场规则，反而会被贴上“不配合团队”的标签。小周若不能发现领导的深层含义，可能陷入效率降低、声誉受损、信任危机等连环困局。

二

关于人际关系的潜台词

09 新同事说“以后多带带我”：是在试探性摸底，还是想快速获取资源？

新入职的小程给老员工小林发来微信：“林姐，以后多带带我呀！”

此时，小林耳边传来主管的声音：“小林呀，小程的专业能力强，你们要互相学习。”

“主管，我手头的项目还没收尾。”小林低头整理文件。

主管微笑着说：“时间挤挤就有，公司需要你们形成合力。”

窗外的晚霞渐渐暗沉，小程抱着咖啡从小林工位前经过，甜美的笑容里带着些许期待。

如何把握同事话语的含义

当职场新人说“多带带我”时，作为老员工需要敏锐捕捉以下关键信息：

试探性摸底：新员工可能表面上是“求指导”，实则在试探老员工的业务边界和职场地位，观察老员工是否愿意分享核心信息，借此判断融入团队的难易度。

快速获取资源：新员工可能是在通过“求带”姿态，快速获取老员工积累的经验、人脉或项目资源等，从而缩短自身的适应期，甚至是在为后续的竞争铺路。

建立职场关系：新员工以“请教”为切入点，拉近与老员工的距离，试探对方性格与合作模式，同时在领导面前塑造自己“积极学习”的正面形象。

隐藏竞争意图：若新同事自身能力较强，“求带”可能是降低老员工警惕性的策略，实则暗中观察对方短板，为后续表现或晋升做铺垫。

同事可能的言外之意

当新同事说“以后多带带我”时，可能包含以下言外之意：

① “我对新环境不太熟悉，希望你能帮助我。”

新同事可能对公司的流程、文化和团队成员还不熟悉，希望你能帮助他 / 她更快地适应工作环境。

② “我希望你能分享你的经验和知识。”

新同事可能希望你能把自己的工作经验和知识分享出来，帮助他 / 她更快地提升工作能力。

③ “我希望你能帮助我解决遇到的问题。”

新同事可能希望你在他们遇到问题或困难时提供帮助和支持。

④ “我希望你能帮助我建立良好的工作关系。”

新同事可能希望你能带领并帮助他 / 她建立良好的工作关系，尽快融入团队。

得体的应对策略

判断新人能力与动机

若新人背景亮眼但主动询问基础流程，可能是“低位切入”获取信任，这时需警惕其后续是否触及核心业务。

引导新人自主探索

推荐公司内部的培训课程、过往成功案例复盘会等，这样既体现出自己乐于帮助的意愿，又避免过度消耗自身精力。

主动汇报进展

定期向上级反馈与新人的交流内容，既展示配合度，又避免让领导认为自己“藏私”；若新人越界接触核心工作，可借领导权威划定边界。

反向试探，拆解意图

可反问“你具体想了解哪部分内容”“你对最近正在跟进的 ×× 项目的哪部分细节比较感兴趣”等，通过新人的回答判断其关注点是学习还是功利性索取。

如果故事中的小林只将新员工小程的“以后多带带我”理解为普通的职场客套，而忽略了主管暗示的深层意图，可能会陷入以下困境：首先，她会误以为这只是新人例行的谦虚请教，而未能察觉主管实际在暗示“让小程参与核心项目”，若小林继续以工作忙为由推脱，容易被贴上“不配合团队工作”的标签。其次，主管使用“小程专业能力强”“互相学习”的措辞，可能是在暗示小程有特殊背景，小林若仍保持“带教”心态，会显得不识时务。

10 团队聚餐时领导说"今天不谈工作"：是缓解紧张气氛，还是试探团队状态？

包间的暖黄光晕下，火锅的热气模糊了投影仪幕布上未撤下的季度报表。李总举起酒杯，对大家说："今天不谈工作，大家放开吃。"

销售主管老周突然开口："不过李总，上次您说的渠道优化方案……"话未说完，李总笑着打断他，说道："老周，这毛肚可不等人啊！"

实习生小陈悄悄对邻座的林悦说："真的不用汇报项目进度吗？"此时，林悦想起上周例会上，李总因拖延的项目大发雷霆。

趁服务员上菜的间隙，策划组的张姐试探着问："李总，下个月团建……"

"先吃，先吃。"李总意味深长地仰头饮尽杯中的红酒……

如何把握领导话语的含义

团队聚餐时领导说“今天不谈工作”，员工应该从以下几方面捕捉关键信息：

缓解紧张氛围：领导这样说的主要意图可能是打破压抑的聚餐气氛，让员工放松身心，以更积极的状态回归工作，后续可能期待员工主动分享工作中遇到的难题。

试探团队状态：领导可能想要通过“饭桌上不谈工作”，观察员工的反应和状态。若员工能迅速投入轻松愉快的交流，便能展现出良好的团队凝聚力；若员工仍为工作感到焦虑，领导可借此判断工作强度是否过高。

避免敏感话题：领导可能不想在非正式场合讨论敏感问题，如薪资调整、人事变动等，防止信息被误传或引发争议。

引导高效沟通：领导可能表面上禁止泛泛地谈工作，实则期待员工后续能抓住重点、高效沟通，避免聚餐变成冗长无序的工作汇报会。

领导可能的言外之意

当领导在团队聚餐的时候说“今天不谈工作”时，可能包含以下言外之意：

① “希望大家放松心情，享受聚餐。”

领导可能希望团队成员能够放松心情，享受聚餐的时光，而不是一直被工作压力困扰。

② “希望增进团队凝聚力和成员之间的关系。”

领导希望通过团队聚餐的形式，增进成员之间的了解，提升团队凝聚力。

③ “希望了解团队成员的个人生活和兴趣。”

领导可能希望通过聚餐这种轻松愉快的形式，了解团队成员的个人生活和兴趣，从而更好地增进彼此的信任和默契，促进工作的高效协作。

④ “希望避免在非正式场合讨论工作，以免影响团队氛围。”

领导可能不希望在非正式场合讨论工作，以免影响团队的轻松氛围。

得体的应对策略

缓解紧张氛围

此时，员工可主动发起轻松话题，分享生活趣事或娱乐新闻，带动聚餐气氛。待领导情绪放松后，可以在合适的时机以轻松幽默的口吻提及："领导，最近项目虽然累，但大家干劲都很足，等结束了真想好好放松一下！"这样既顺应了聚餐的轻松氛围，又委婉向领导传递团队积极投入的工作状态。

避免敏感话题

员工在聚餐中应该严守职场沟通边界，不主动谈及薪资、人事变动等敏感话题。当其他同事提及相关话题时，可尝试巧妙转移："先不想这些啦，听说隔壁部门最近开展了一个超级有趣的团建活动！"这样可以让领导感受到你在极力维护聚餐时的和谐氛围。

高效沟通

聚餐时，若领导谈及行业趋势或公司战略，员工不必过多纠结于工作细节，可以提炼要点回应："您说的这点让我深受启发，关于××方向，我们团队有个初步想法，后续整理好再向您详细汇报！"这样的回应既符合当下的氛围，又为后续的沟通工作做好铺垫。

如果故事中的员工只理解团队聚餐时领导说"今天不谈工作"的表面意思，可能会误解领导的真实意图，认为领导只是单纯希望放松。其次，员工可能错过与领导和同事深入沟通的好机会。此外，部分员工可能因过度放松而忽视自己的言行举止，从而影响职业形象和团队和谐。同时，员工可能因对领导话语的表层理解，而忽略聚餐团建的真实意图，导致团队凝聚力不足。最后，员工可能对同事提到的工作问题避而不谈，影响团队沟通和工作效率。总之，这种浅显的表层理解可能对员工个人的职业发展和团队整体的工作氛围产生负面影响。

11 同事说“改天请你吃饭”：是职场客套话，还是想为进一步合作打基础？

项目庆功宴上，王姐揽着实习生小周的肩，笑盈盈地说道：“小周，这次多亏你帮忙整理数据，改天一定请你吃饭！”

小周脸颊泛红，连说“应该的”，心里却满是期待。

此后，小周在茶水间偶遇王姐时，总会下意识放慢脚步。王姐依旧热情，聊两句工作便匆匆离开。直到某天午休，小周听见几个老员工闲聊：“王姐每次用完新人都说要请客吃饭，你还当真呀？”

这时，王姐端着咖啡经过，又亲昵地拍了拍小周的肩膀，说：“小周，最近忙坏了吧？等忙过这阵请你吃饭！”

玻璃窗外的阳光明晃晃地照进来，小周看着王姐转身离去的背影，突然分不清这话是真心实意还是职场上的客套。

如何把握同事话语的含义

当同事说“改天请你吃饭”时，可以从以下几个方面捕捉关键信息：

语境： 如果是在工作间隙的轻松聊天环境中，同事随口说出这句话，可能只是表达一种友好或者对当下愉快交流氛围的延续意愿。这种情况下，这句话更像是一种社交客套话，不必过于当真。但如果是在你们共同完成了一个重要的项目后，同事认真而诚恳地说出这句话，那可能是对你辛勤付出的认可，有较高的兑现可能性。

语气： 如果同事说出这句话时，语气平淡，语速较快，可能只是习惯性客套。而如果语气诚恳，语速适中，甚至带有一点强调的语气，就更有可能是真心想请你吃饭。

表情： 观察同事的表情。如果他 / 她面带微笑，眼神真诚，可能意味着对方是真心邀请。如果表情比较敷衍，眼神游离，那可能只是职场客套。

后续互动： 若同事在说出此话后，主动提及具体时间和地点，或多次重复邀请，表明诚意十足。反之，若此后再无提及，则多半是随口一说。

同事可能的言外之意

当同事说“改天请你吃饭”时，可能包含以下言外之意：

① “我想和你建立更好的关系。”

同事想请你吃饭，可能是觉得最近你们在工作上合作得很愉快，希望通过请客吃饭的方式，增进与你之间的了解和友谊。

② “我想感谢你的帮助。”

同事可能因为你在工作中对他的帮助或支持，想通过请客吃饭的方式表达感谢。

③ “我想和你建立更深入的工作关系。”

同事可能希望通过吃饭这种非官方的场合，营造轻松的氛围，以便深入讨论后续的工作，或者创造更多合作的机会，从而和你建立更深入的工作关系。

④“我想和你分享一些个人的事情。”

同事可能希望通过吃饭的机会，跟你分享一些个人的看法或感受。

得体的应对策略

礼貌回应，保持友好氛围： 当面对同事的邀请时，可以简单地回答：“好啊，谢谢你的邀请。”这样既表达了对同事的感谢，也没有过于认真地继续追问，避免让对方觉得你很在意这个承诺。

观察后续，判断其真实性： 在之后的工作中，留意对方是否真的有邀请你吃饭的意思。如果他 / 她真的想请你吃饭，可能会主动提起具体的时间、地点等细节安排或者询问你的饮食喜好。

主动询问： 如果时间过去很久，并且对方没有再次提及相关事宜，可以主动问“上次你说请我吃饭，什么时候方便呀？”这样既表明你重视对方的承诺，又不会显得过于急切。

灵活调整，避免尴尬局面： 如果同事只是随口一说，而你又觉得不好意思总是等着对方兑现，可以主动提议“要不这次我请客，下次你请我”，这样既化解了尴尬，又增进了彼此的关系。

故事中的小周若只理解同事说“改天请你吃饭”的表面意思，可能会产生诸多误会和问题。一方面，小周可能误以为同事真的会很快兑现自己的承诺，从而满怀期待；但若对方只是随口一说，没有实际行动，小周可能会感觉自己被欺骗了，进而破坏同事之间的信任。另一方面，若小周当真了，可能会在后续的工作中不自觉地对同事产生一种“欠人情”的心理，觉得自己有义务回报对方，这或许会在工作决策等方面对小周产生影响，让她无法保持客观公正。同时，如果同事只是出于客套，而小周过于较真，还可能让同事觉得小周小气或不好相处，给双方的人际关系带来不必要的压力和尴尬，破坏原本和谐的工作氛围。

12 同事说“有空多交流”：是前辈的关照，还是客套地敷衍？

新人陈默抱着文件路过茶水间，被部门“老油条”赵哥拦住。

“小陈，你做的方案有想法啊，咱们有空多交流！”赵哥拍着陈默的肩膀，嘴角挂着意味深长的笑。

陈默受宠若惊，连声道谢，盘算着该怎样借此机会向前辈请教。

此后一周，陈默主动和赵哥打招呼，对方总是匆匆而过。

直到某次加班，他听见赵哥和其他同事调侃：“真搞不懂现在的年轻人，随便客套几句，还真当回事儿。”

陈默握着咖啡杯的手僵在半空。

这时，赵哥看到他，又热情地打招呼：“小陈，最近忙坏了吧？有空多交流！”

窗外的夜色愈发深沉，陈默望着赵哥离去的背影，分不清这句“交流”，究竟是真心指点，还是客套敷衍。

如何把握同事话语的含义

在理解同事的“有空多交流”这句话时，应该把握以下几个重点信息：

语境和语气： 如果同事是在正式场合说出这句话，可能倾向于进行与工作相关的交流；如果是在茶水间或休息时间说出这句话，可能只是随口一说。同事说话时的语气和表情也是很重要的判断标准，如果语气真诚、表情认真，可能真的有交流的意愿；如果语气随意、带着笑意，可能只是客套。

同事的身份： 若对方是经验丰富的老员工，可能乐于传授自己的工作经验或寻求合作的机会；若对方是性格开朗的新人，或许只是想建立友好关系。

后续行动： 若同事在说出这句话之后，没有再主动找你交流，那极有可能是随口一说。我们也可以观察同事在其他场合的表现，看看他是否真的有意愿和新人交流。如果对方在其他场合也对其他新人说过类似的话，但没有实际行动，那么这句话很可能是客套。

了解团队文化： 了解团队的整体文化氛围。如果团队文化比较开放，大家经常交流，那么同事的这句话相对可信；如果团队文化比较保守，团队成员之间较少交流，那么同事的话可能只是客套。

同事可能的言外之意

当同事说“有空多交流”时，可能包含以下言外之意：

① “我希望在工作中得到你的支持和帮助。”

同事可能在工作中遇到一些困难，希望得到你的支持和帮助，并能够通过交流解决问题。

② “我想和你建立更深入的工作关系。”

同事可能希望通过交流，和你建立更深入的工作关系，增进彼此的了解。

③ “我想和你分享一些工作中的经验和建议。”

同事可能希望通过交流，跟你分享工作中的经验，或给你提出一些建议，帮助你提升工作能力。

④ “我希望我们能共同解决问题。”

同事可能希望通过交流，共同解决工作中遇到的问题，提高团队的整体效能。

得体的应对策略

保持礼貌，但不盲目热情：当同事说“有空多交流”时，可以做出礼貌的回应。比如，“谢谢，我也很期待能有机会向您学习”。这样既表达了感谢，又不会显得过于急切。同事表达了“有空多交流”的意愿后，也要避免频繁地与同事交流，尤其是在对方明显处于忙碌状态的时候。

观察后续行动：注意观察同事说这句话之后是否有实际行动。如果同事主动找你交流，说明对方可能真的有交流的意愿；如果对方没有后续行动，说明这只是客套。

选择合适的时机交流：如果确实有需要请教的问题，可以选择在同事不太忙的时候，比如午休、茶歇时间，或者项目告一段落的时候进行。交流时，注意问题要简洁明了，不要占用对方太多时间。

展示自己的能力和态度：通过出色的工作表现来赢得同事的认可。同时，在工作中若有好的想法或成果，可以主动和对方分享。

拓展人脉：积极拓展自己的人脉，和其他同事、领导建立良好的关系，多渠道获取帮助和指导。

如果故事中的小陈只听懂赵哥说“有空多交流”的表面意思，他可能会觉得赵哥很欣赏自己，愿意跟自己分享工作经验和专业知识，这会让他觉得自己得到了前辈的认可和重视。然而，小陈对赵哥话语的表面理解，可能会引起一系列问题和误会。首先，小陈可能会主动找机会和赵哥交流，向赵哥请教问题，但赵哥可能只是随口一说，并没有真的打算和他深入交流。这样一来，赵哥可能会觉得小陈这个人很麻烦，从而影响正常的工作氛围。其次，若其他同事看到小陈频繁找赵哥交流工作，可能会误解小陈是在刻意巴结赵哥，这会让小陈在团队中的形象受损，甚至引发同事间的猜忌和不信任。

13 同事说“我这个人说话比较直”：是坦诚提出建议，还是语言暴力的免责声明？

星期一的早晨，小李拿着一份策划案走到小张的工位旁。

小李说：“小张，我觉得这份策划案的创意点可以再优化一下。”

小张抬起头，皱了皱眉头，说道：“我这个人说话比较直，我觉得你这个方案不行，完全偏离了客户的需求。”

小李愣了一下，脸上露出些许的尴尬，轻声说道：“哦……那你觉得怎么修改合适呢？”

小张直接说：“这个方案要推倒重来，你的想法太天真了，根本行不通。”

小李的脸色越来越难看，他压抑着内心的怒火说：“我只是想听听你的意见，没必要这么打击人吧。”

小张叹了口气，表情不在意地回应道：“我说了，我这个人说话比较直，你别往心里去。”

小李沉默了一会儿，拿起策划案，回到了自己的座位上。办公室里的气氛一下子紧张了起来……

如何把握同事话语的含义

当同事说“我说话比较直”的时候，应该把握以下关键信息：

交流场景： 如果是在轻松的茶歇时间，同事在分享一些生活趣事时说“我说话比较直”，这可能只是在解释自己个性中有比较直率的一面，没有太多负面含义。但如果是在讨论工作的过程中，尤其是在批评或者提出不同意见的场合下，同事说“我说话比较直”，这就需要引起注意，同事可能是在暗示他接下来的言论可能会比较尖锐，需要你做好心理准备。

语气和表情： 如果同事说这句话时语气比较轻松，语调平稳，可能只是在客观地描述自己的沟通风格。但如果语气中带有歉意，比如“我说话比较直，你可别介意啊”，这可能是在暗示他接下来的话可能会让你不好接受，但他并无恶意。相反，如果对方语气比较强硬，甚至有点咄咄逼人，比如“我说话比较直，不喜欢藏着掖着”，这可能意味着他不太在意你的感受，只是想表达自己的观点，甚至可能带有一些攻击性。

意图判断： 尝试判断同事说这句话的意图。他可能只是想让你知道他的沟通风格，希望你能理解他不会拐弯抹角地表达自己的想法的行为。但也有可能他是在为自己即将要说的比较尖锐的话找借口，希望你能接受他的批评。

同事可能的言外之意

当同事说“我这个人说话比较直”时，可能包含以下言外之意：

① “我的表达方式可能比较直接，希望你能理解。”

同事可能意识到自己的表达方式比较直接，甚至有些生硬，希望你能理解并接受，知道他并无恶意。

② “我希望你能接受我的批评或建议。”

同事可能希望通过直接的表达方式，对工作提出批评或建议，希望你能接受并改进。

③“我在表达时不够委婉，希望你能给我反馈。”

同事可能意识到自己的表达方式不够委婉，希望你能给予反馈，帮助他改进和提升。

④“我希望你能理解我的意图，不要误解我的表达。”

同事可能担心自己过于直接的表达方式会被误解，希望你能理解他的真实意图。

得体的应对策略

确认意图，明确对方的真实想法： 可以进一步询问对方的具体意见。比如，“那你认为这个方案具体哪里需要改进呢？”这样能引导对方给出具体的反馈，避免误解。

表达自己的感受： 如果对方的直率影响了团队的整体氛围，可以适当提出自己的建议。比如，“我理解你说话比较直接，但有时候稍微委婉一点，可能会让人更容易接受。我们可以一起努力，让团队的沟通更顺畅”。

提供反馈渠道： 建议对方通过更正式的反馈渠道提出意见。比如，“如果你对我的工作有意见，我们可以定期开会讨论具体细节，这样更有利于问题的解决”。

寻求第三方帮助（如果必要）： 如果对方的直率严重影响了你的工作和情绪，你可以考虑找上级寻求帮助。但要注意方式方法，避免让问题升级。

如果故事中的小李只理解了小张“我这个人说话比较直”的表面意思，可能会误以为小张的直率是一种坦诚的表现，而没有意识到这种直率可能缺乏职场社交中必要的委婉和礼貌。因此，当小张用直白甚至有些尖锐的方式批评小李的策划案时，小李可能会觉得小张是在故意贬低他的工作能力，甚至怀疑小张对自己有偏见。这种误解可能导致小李对小张产生抵触情绪，进而影响两个人之间的合作关系。在后续的工作中，小李可能会对小张的建议产生抵触，不愿意询问和接受他的意见，从而降低工作效率。同时，这种误会还可能在团队中传播，影响整个团队的氛围和协作精神。

14 同事问“你最近很忙吧”：是真诚的职场问候，还是另有弦外之音？

王敏的身后传来脚步声，部门主管张磊的声音裹着笑意，说道：“小王，最近很忙吧？”

王敏拿着方案的手顿了顿，挤出笑容，回答道：“还好，谢谢领导关心。”

“年轻人多锻炼是好事。”张磊说着，端起保温杯轻抿了一口，“但也要注意效率……”

王敏盯着办公桌上摊开的另外三个未完成的项目方案，心中充满委屈。

下班后，王敏抱着文件经过主管办公室，听见张磊说：“小王做事是踏实，就是进度慢了点……”

如何把握同事话语的含义

当同事问“最近很忙吧”的时候，可以把握以下重要信息：

语气和表情：如果同事询问时语气轻松、随意，可能只是在进行日常的社交寒暄，希望营造轻松的氛围。如果语气中带有关切或担忧，可能是在暗示你工作压力大，需要多加注意。但如果同事语气轻松且略带好奇，可能是在试图探听一些内部消息或公司八卦。

提问的时机和场合：如果同事是在工作繁忙的时期问这个问题，可能是想了解你的工作状态，以便提供适当的支持或帮助。如果同事是在茶歇时间或非正式场合问你忙不忙，可能只是简单的社交互动。

同事的意图和目的：同事可能只是想通过简单的问候拉近关系，增进彼此的了解和友谊。同事也可能是想了解你是否在工作中遇到困难，是否需要团队支持或帮助。

同事可能的言外之意

当同事问“你最近很忙吧”，可能包含以下言外之意：

① **“我注意到你最近工作压力很大，想表示关心。”**

同事可能注意到你最近工作很忙，压力较大，想通过这种方式表示关心。

② **“我想了解你的工作情况，看看是否需要帮忙。”**

同事可能想了解你的工作情况，看看是否需要提供帮助或支持。

③ **“我想和你聊聊，缓解一下工作压力。”**

同事可能想通过聊天的方式，帮助你缓解工作压力，放松心情。

④ **“我想提醒你注意休息，不要过度劳累。”**

同事可能注意到你最近工作很忙或状态不佳，想提醒你注意休息，不要过度劳累。

得体的应对策略

友好回应，简要说明

无论同事的真实意图是什么，都应保持友好的态度。如果同事表现出真诚的关心，可以简要说明自己的工作状态。比如，“还好，挺顺利的，谢谢关心！”

观察同事的反应

观察同事的语气和表情，判断他们的真实意图。如果同事只是随意问候，通常会继续聊一些轻松的话题。如果他们抱有“吃瓜”心理，可能会继续追问相关细节。

适时转移话题

如果感觉同事是在探听八卦，可以适时转移话题。比如，“对了，你最近在忙什么项目啊？”

适度分享，保持分寸

如果同事表现出对你的工作内容感兴趣，可以适当分享一些工作中的亮点或成就。比如，“最近我们团队在做一个很有趣的项目，进展还不错”。

避免敏感信息

不要透露过多的敏感信息或内部动态，尤其是涉及人事变动、项目内容等话题。若同事追问，可以模糊回答：“整体还算顺利，大家都在努力推进。”

如果故事中的王敏只理解了同事问“最近很忙吧”的表面意思，可能会误解同事的真实意图，只简单地对工作状态进行回应，而没有意识到同事是希望了解对方目前存在的工作压力或问题，以便为对方提供支持和帮助，或对任务分配进行调整。其次，王敏可能错过向同事寻求帮助的机会，继续在高压下工作，从而导致工作效率下降，甚至影响身心健康。此外，王敏可能没有意识到同事是在间接询问团队整体工作情况，进而影响同事对团队协作和氛围的准确判断。

15 同事说“这是领导的意思”：是假传圣旨，还是真有其事？

项目频繁变更方向，让团队成员们疲于奔命，小张正在为项目进度感到焦虑。

小张决定找小赵沟通一下关于项目的可行性的问题。

小张开门见山地说：“小赵，我觉得这个项目方向的频繁变更已经严重影响了我们的工作效率。”

小赵皱了皱眉，语气有些严厉地说：“小张，这是公司高层的战略部署，你只需要按照要求执行就好。”

小张有些不甘心，继续说道：“可是这样下去，我们很难保证质量，而且团队士气已经受到了影响。”

小赵打断他说：“这是领导的意思，我也没有办法。”

小张愣在原地，他意识到自己提出的问题并没有得到重视……

如何把握同事话语的含义

在理解同事说“这是领导的意思”时，应该把握以下重点信息：

观察同事的语气：如果同事说话时的语气轻松愉快，可能只是在传达普通的指示；如果同事说话时的语气严肃认真，可能意味着这是一个比较重要的决策；如果同事说话时的语气中带有些许的无奈，可能在暗示这个决策是经过多方权衡后的无奈之举，背后或许隐藏着复杂的利益纠葛或资源限制。

具体的内容和背景：应仔细听清楚同事传达的具体内容，是关于工作安排、项目调整还是其他事项。了解传达内容的性质，判断是否会对你的工作产生重大影响。

同事的角色和立场：了解同事在团队中的角色。如果同事是直接上级或项目负责人，他 / 她传达的信息可能更具有权威性；如果同事是普通成员，可能只是传达领导的意图。同时，考虑同事的立场和利益诉求，是否存在潜在的个人动机或团队间的博弈。

同事可能的言外之意

当同事说“这是领导的意思”时，可能包含以下言外之意：

① “这是领导的决定，我也是按照指示行事。”

同事可能在说明某个决策或行动是领导的指示，自己只是执行者，如果你有问题或不满，可以向领导提出。

② “领导对此事有明确的指示，希望你能配合。”

同事可能希望你理解这是领导的指示，需要你配合执行。

③ “领导对此事很重视，希望你能认真对待。”

同事可能在强调领导对此事的重视程度，希望你能认真对待，严格按照要求执行。

得体的应对策略

保持冷静，避免情绪化

首先，要冷静下来，不要被“这是领导的意思”这句话激发出抵触情绪。情绪化的反应不仅无助于问题解决，还可能影响与领导的关系。

确认具体要求和背景

遇到类似情形可以礼貌地向同事进一步确认：“我理解这是领导的决策，但我希望了解一下具体的要求和背景，这样我们团队在执行时能更有针对性。”这样既能体现自己对工作的积极态度，又能更好地理解任务的来龙去脉。

强调团队的困难和建议

可以向同事委婉地表达团队的困难。例如，“我们团队确实面临一些实际的困难，比如人手不足、时间紧张等。不知道我们是否可以向上级反馈一下，看看有没有调整的空间？”这种表达方式既没有直接对抗，又为解决问题提供了思路。

如果故事中的小张只听懂了小赵“这是领导的意思”这句话的表面意思，他可能会认为自己在项目的实施过程中没有话语权，觉得无论团队遇到多大的困难，都必须无条件执行，进而陷入被动的状态。其次，小张可能会觉得小赵只是在传达上级的指令，没有真正站在团队的角度考虑问题，甚至怀疑小赵把责任都推给“领导”，这会降低小张对小赵的信任度。再者，小张可能会误以为公司高层完全不关心基层团队的实际情况，只是盲目地发号施令，这会让小张对公司的管理方式产生质疑，甚至影响他工作的积极性和归属感。

16 同事说"有机会一起合作"：是真诚地渴望合作，还是社交结束语？

公司月度例会上，销售部的周扬笑着对林悦说："小林，你的方案很新颖，有机会一起合作。"林悦礼貌回应道："好啊，期待。"

私下里，林悦发现周扬正在单独联系策划案中的潜在合作方。

她找到周扬，对方却摊手道："这不是提前帮你探探路吗，等时机成熟，咱们一起推进。"

当林悦向主管反映情况时，主管却拍了拍她的肩膀，说："小周经验丰富，你多向他学习。"

此后，周扬在部门例会上频繁展示与合作方的沟通成果，而那句"有机会一起合作"，像一句轻飘飘的客套话，消散在办公室循环的空调风里……

如何把握同事话语的含义

当同事说“有机会一起合作”时，要把握以下关键信息：

合作的意向度：应当明确同事说“有机会一起合作”是基于当前有具体的项目正在进行考虑，还是仅仅是一种对未来合作的模糊期望。如果是前者，要进一步了解项目细节；如果是后者，可以保持关注，定期沟通合作进展的可能性。

合作的领域和方向：明确合作是在你们各自擅长的领域交叉部分开展，还是需要你们拓展新的业务范围，这样能帮助自己提前做好技能提升的准备。

合作的时间规划：了解同事口中的“合作”是短期项目合作，还是长期的合作伙伴关系。如果是短期项目，要清楚开始时间和大致结束时间，以便安排自己手头的工作；如果是长期合作，要考虑如何持续投入资源，以及如何建立长期有效的沟通机制。

合作的目标和期望：明确对方希望通过合作达成什么样的目标。同时，也要表达自己的期望，看看双方的目标是否匹配。

同事可能的言外之意

当同事说“有机会一起合作”时，可能包含以下言外之意：

①“我看好你的能力和潜力，希望未来能一起合作。”

同事可能认为你是一个有能力、有潜力的合作伙伴，希望在未来有机会与你合作。

②“我想和你建立更深入的工作关系。”

同事可能希望进一步加深你们之间的工作关系，提升团队协作的效率。

③“我有一个项目，希望你能参与。”

同事可能有一个具体的项目或任务，觉得你很合适参与其中，希望有机会和你共同完成。

④ “我想和你一起探索新的项目。”

同事可能希望有机会和你一起探索新的项目，提升团队的整体效能，实现共同成长。

得体的应对策略

表达感谢并积极回应： 首先要真诚地向对方表示感谢。例如，“真的非常感谢你愿意和我合作，我感到很荣幸”。这不仅能让对方感受到你的尊重和诚意，还能为后续合作打下好的基础。

表达期待： 积极回应对方的合作意愿的同时，表达出你对合作的期待和重视。比如，“我也很期待有机会和你合作，相信我们一定能再创新高”。

询问合作背景： 例如，“这次合作是基于什么样的项目需求呢？”“这个合作机会是怎么来的呀？”这有助于你对合作的整体情况有初步的了解，从而判断合作的重要性和可行性。

展示自身能力和优势： 适当向对方介绍自己在相关领域的工作经验、专业技能和成功案例。例如，“我在 ×× 领域有很丰富的工作经验，之前负责过 ×× 项目，相信这些能为我们的合作提供帮助”。

建立良好的沟通机制： 和对方商量确定合作过程中常用的沟通方式。比如，“我们是通过邮件、即时通讯工具还是定期面对面沟通比较方便呢？”选择适合双方的沟通方式，能确保信息传递的及时性和准确性。

当故事中的周扬对林悦说“有机会一起合作”时，若林悦只理解了周扬的表面意思，可能会单纯认为这是周扬随意的一句职场客套话，而未重视其中可能蕴含的合作机会，导致错过提升工作效能、拓展人脉的契机。或者，林悦可能误以为对方马上就有具体的合作项目，开始提前投入精力准备，结果发现对方只是有模糊的意向，尚未落实，会使林悦白费工夫，打乱了她的工作节奏。又或者，林悦因未深入了解合作意图，对合作范围、目标等产生误解，在后续沟通中出现认知偏差，影响双方关系和整体的工作效率。

三

关于工作状态的潜台词

17 领导问“最近忙不忙”：是岗位调整预警，还是绩效评估信号？

走廊的拐角，李总偶然遇到了正在整理文件的小刘。李总停下脚步，微笑着问道：“小刘，最近忙不忙？”

小刘抬起头，脸上带着一丝疲惫，回答道：“李总，最近手头的项目很紧张，客户的要求又高，每天都要加班到深夜。”

李总点了点头，关切地说：“这段时间大家辛苦了。要是有什么困难，随时和我说。”

小刘犹豫了一下，开口说道：“李总，这个项目任务重，人手又不够，我不能按时完成任务。”

李总皱了皱眉，沉默了片刻，说道：“我理解你的难处，但这个项目不能耽搁。我会和其他部门沟通，协调一下内部资源。你也要注意身体，别太累了。”

小刘点了点头，但心里的担忧并未消除……

如何把握领导话语的含义

作为员工，当领导问“最近忙不忙”时，应把握以下重要信息：

领导的关心意图： 领导可能想通过这种方式表达对员工工作状态和生活状况的关心。这不仅是简单的寒暄，更是一种情感上的关怀。

了解工作进度和状态： 领导可能希望通过这个问题了解员工个人或所在团队当前的工作情况，包括项目进度、任务难度、团队协作情况等。这有助于领导及时发现潜在问题并及时采取措施。

潜在的沟通机会： 这是一个与领导沟通工作难度和需求的良好契机。员工可以借此机会表达工作中遇到的挑战，如任务过重、人手不足、资源短缺等，以便领导给予支持或协调资源。

领导可能的言外之意

当领导问“最近忙不忙”时，可能包含以下言外之意：

① “我想关心一下你的工作状态。”

领导可能只是想了解一下你最近的工作状态，表达对员工的关心。

② “我想了解你的工作进度和压力情况。”

领导可能想了解你当前的工作进度和压力情况，以便更好地安排后续工作或给出相应的支持和调整。

③ “我想提醒你注意休息，提高效率，不要过度劳累。”

领导可能注意到你工作压力较大或状态不佳，想提醒你注意休息，不要过度劳累，同时也要保证工作效率。

④ “我想了解你的工作状态，以便调整团队资源。”

领导可能想了解你的工作状态，以便调整团队资源，确保团队整体的工作效率。

得体的应对策略

真诚回应

如果领导问“最近忙不忙”，作为员工首先应该如实回答工作情况。比如，“李总，最近工作确实比较忙，手头的项目面临时间紧、任务重的问题”。这样既回应了领导的问题，又为后续沟通奠定了基础。

主动反馈问题和需求

在回答领导关心的问题的基础上，可以主动提及工作中遇到的困难和需求。例如，“项目人手紧张，我担心会影响整体进度”。这种积极反馈可以让领导更好地了解团队的实际需求，以便及时调整资源配置，提高工作效率。

展示工作成果和付出的努力

在反馈问题的同时，可以适当展示自己及团队的工作成果和在工作过程中付出的努力。比如，“虽然任务艰巨，但我们团队一直在加班加点，目前已经完成了 ×× 部分的工作”。这既能让领导看到大家的努力，也能增强领导对团队的信心。

如果员工小刘只听懂李总问“最近忙不忙”的表面意思，可能会认为李总只是和自己进行简单的寒暄，而没有意识到李总是希望通过沟通，了解团队存在的问题或遇到的困难，从而无法及时获得领导的支持或资源协调。其次，若只理解领导字面的意思，可能导致小刘对领导产生不满情绪，从而影响工作的积极性和团队的凝聚力。此外，小刘可能会继续独自承担项目压力，加班加点，不仅身体疲惫，还可能因压力过大而影响工作效率和工作质量。

18 领导说“你做事很踏实”：是真心认可，还是暗示缺乏创意？

办公室里，小林正紧张地整理着一份重要的客户报告。陈总路过时看到小林满头大汗的样子，停下脚步，轻轻敲了敲小林的桌面，说道：“小林，你做事很踏实。”

小林抬起头，眼神里带着一丝迷茫和不安，说道：“陈总，可我压力特别大，担心自己做得不够好，辜负您对我的信任。”

陈总语气温和地说：“年轻人踏实做事是好事，但也要学会灵活变通。”

小林咬了咬嘴唇，犹豫了一下，开口说道：“陈总，我其实不太清楚客户的具体需求，对之前沟通的细节不太有把握……”

陈总点了点头，说道：“我明白，客户那边我已经交代过了，你按照公司的标准去做就行。有问题随时问我。”

然而小林的问题似乎依然没有得到解决……

如何把握领导话语的含义

当领导说“你做事很踏实”时，员工需要把握以下重要信息：

领导的认可和鼓励：领导的这句话可能是对员工工作态度和工作表现的认可，表明领导看到了员工的认真和努力。此时，员工应增强自信心和工作动力。

潜在的期望与要求：领导的表扬可能也隐含着对员工的期望，希望员工继续保持这种踏实的工作态度，并在此基础上进一步提升工作能力和工作效率。

灵活调整的建议：领导口中的“踏实”，可能是在暗示员工在保持踏实工作的同时，需要根据实际情况灵活调整工作方法和工作思路，避免过于死板。

领导可能的言外之意

当领导说“你做事很踏实”时，可能包含以下言外之意：

①“我对你的工作态度表示认可。”

领导可能是认为你做事认真、负责，对你的工作态度和工作表现表示认可。

②“我希望你能继续保持这种工作状态。”

领导可能希望你能继续保持这种踏实的工作态度，确保工作高质量完成，以便迎接未来工作中更多的挑战。

③“我对你有更高的期望。”

领导可能希望你在工作中不仅能够展示自己踏实、认真的一面，还能够做得更好。说明领导对你有很高的期望。

④“我希望你能带动团队，提升整体表现。”

领导可能希望你作为整个团队的榜样，带动整个团队的成员积极投入到工作中，提升团队的整体表现。

得体的应对策略

展现灵活性

根据领导提到的“踏实”的言外之意，可以回应“领导，我会注意灵活调整工作方法，确保任务顺利完成”。这表明员工理解了领导的建议，并愿意在工作中做出改进。

确认领导的期望

进一步确认领导的期望。比如，“我会继续保持踏实的工作态度，同时也会努力提升自己的能力，不辜负您的期望”。这样不仅可以在接下来的交谈中明确领导的意图，还能表达自己愿意不断进步的积极态度。

反馈当前工作情况

结合当前工作，顺便向领导反馈实际困惑，寻求领导帮助。这样既能展示自己踏实肯干的工作态度，又能抓住机会向领导寻求帮助。

如果故事中的小林只理解陈总说“你做事很踏实”的表面意思，可能会误解领导的鼓励意图，只将其视为领导对自己工作的肯定，而没有意识到这可能是领导试图缓解他紧张情绪的方式。其次，小林可能会错失与领导深入沟通的机会，因为陈总停下脚步本就是希望了解员工的真实想法，如果小林的理解只停留在表面，那他既无法表达自己的需求和困惑，也没能帮助领导更好地了解自己及团队的工作进展。

19 领导说“你很有潜力”：是对未来重用的铺垫，还是当前表现不达预期？

实习生小张最近在项目中表现出色，部门领导开门见山地对他说：“小张，你很有潜力，我看到了你在项目里的努力和进步。”

小张有些不好意思地笑了笑，说：“谢谢领导，不过我最近确实遇到点问题。”

领导点了点头，鼓励道：“遇到问题很正常，潜力就是要在挑战中发挥出来。你具体遇到了哪些困难？”

小张犹豫了一下，说：“其实，我对新技术的应用还不够熟练，怕拖团队的后腿。”

领导沉默了一会儿，然后说：“加油，相信你一定能行。”

如何把握领导话语的含义

当领导说“你很有潜力”时，作为员工应该把握以下重要信息：

领导的认可与肯定： 说明员工在工作中的表现已经得到了领导的关注和肯定。这不仅是领导对员工过去努力的鼓励，也是对其未来发展的期待。

领导的期望与信任： 如果领导说员工有潜力，意味着领导可能对员工未来的表现有更高的期望。这表明领导相信员工有能力在工作中发挥更大的作用，并承担更重要的任务。

成长与发展的机会： 领导的这句话是在暗示员工具备成长的空间和潜力，同时也可能意味着领导会给予更多机会和资源来支持员工的发展。员工可以借此争取更多学习和锻炼的机会。

沟通与反馈的契机： 领导主动提及员工的潜力，通常也意味着领导愿意了解员工的想法和困难。员工可以抓住这个机会，向领导反馈工作中的问题和需求，争取更多的指导和支持。

领导可能的言外之意

当领导说“你很有潜力”时，可能包含以下言外之意：

① “我看好你未来的发展。”

领导可能认为你有很好的发展潜力，对你未来的发展充满信心，也希望你能够对自己有明确的职业规划，和公司共同成长。

② “我希望你能继续努力，提升自己。”

领导可能是希望你能继续努力，不断提升自己的专业能力和在工作中的表现。

③ “我希望你能抓住机会，实现自己的价值。”

领导可能是希望你能抓住机会，实现自己的价值，为公司创造更多效益。

④“我打算给你争取更多的表现机会。”

领导可能计划在工作中给你更多表现的机会，让你在更重要的项目或任务中发挥更大的作用。

得体的应对策略

表达感谢

首先，当领导表示肯定时，员工应该真诚地感谢领导对自己的认可。例如，“谢谢领导，您的肯定让我在工作中更有信心了”。这不仅能体现员工的谦逊和礼貌，还能让领导感受到员工积极向上的工作态度。

表达意愿

明确表示自己愿意接受挑战并且会继续努力。例如，“领导，我会继续努力，一定不辜负您的期望”。这能够让领导看到员工的进取心和责任感。

提出计划

如果有机会，可以向领导提出自己的成长计划或职业目标。例如，“领导，我计划在接下来的项目中重点学习新技术，希望您能帮忙推荐一些学习资源”。这不仅能体现员工的主动性，还能让领导清楚员工对其自身的职业规划。

如果实习生小张只理解领导说“你很有潜力”的表面意思，可能会误以为领导只是在客套地表扬自己，而没有意识到领导是在真诚地肯定他的努力和潜力，并希望他能在职场中更好地成长。这可能导致他错过与领导进一步沟通，从而借助领导的支持来解决目前面临的问题的契机。此外，如果小张没有意识到领导的鼓励背后可能是对团队整体的关注，他可能会在后续工作中依然独自面对问题，而不去主动寻求团队或领导的进一步帮助，这不仅会影响他个人的成长，也可能会拖慢团队的进度。

20 领导说“你和团队配合得不错”：是肯定协作能力，还是在掩盖专业表现的不足？

项目接近尾声，小李和团队成员加班加点，终于按时交付了方案。

领导走进办公室，对小李说：“小李，你和团队配合得不错。”

小李听到领导这样说，心里有些委屈，他想说明下团队成员在项目中遇到的种种困难。

小李刚要开口，领导接着说：“不过，还是要提高工作效率。”

小李想解释，领导却摆摆手说道，“我知道你们辛苦，但记住，结果最重要。”

小李沉默了，望着窗外，思考该如何打破与领导沟通的僵局。

如何把握领导话语的含义

当领导说“你和团队配合得不错”时，作为员工应该把握以下重要信息：

领导对团队整体表现的认可： 领导的这句话不仅是对团队努力的正面评价，也是对团队协作能力的认可，说明整个团队表现良好，完成了任务目标。

领导的隐含期望： 领导在表扬团队配合不错的同时，也希望团队成员能够提高工作效率。此时，员工应意识到领导是希望团队在后续工作中注重效率，避免投入不必要的时间或物质成本。

领导关注结果的重要性： 领导说这句话说明他既关注项目的最终交付质量，也关注项目的完成时间。员工需要明白，高效完成任务才是团队合作的核心目标。

领导可能的言外之意

当领导说“你和团队配合得不错”时，可能包含以下言外之意：

① “我认可你的团队协作能力。”

领导对你的表现很满意，认为你在团队中表现出了良好的协作能力，能够与团队成员有效合作。

② “我希望你能继续保持这种良好的协作。”

领导希望你能继续保持这种良好的团队协作能力，确保团队的高效运作。

③ “对你在团队中的表现有更高的期望。”

领导可能认为你有潜力做得更好，希望你不仅在团队协作方面表现突出，还能在其他方面有所突破。

④ “我希望你能更好地处理团队中的冲突。”

领导可能希望你能协助他处理团队成员之间各种棘手的矛盾和问题，确保团队的高效运作。

得体的应对策略

肯定团队的努力

当听到领导这样说时，首先要肯定团队成员的努力和贡献。例如，“团队成员都很努力，大家齐心协力才能按时完成这个项目”。这不仅能体现你的团队精神，还能让领导感受到这个团队的凝聚力。

反馈困难与挑战

员工要抓住机会向领导反馈团队在项目实施过程中遇到的困难和挑战，这样才能让领导了解项目进展的真实情况，从而得到领导更多的支持和协助。

提出改进计划

员工可以提出团队在提高效率和优化协作方面的初步计划，并征询领导意见。这不仅能体现员工的主动性和解决问题的能力，还能让领导感受到员工及团队成员的进取心。

如果故事中的小李只理解领导说“你和团队配合得不错”的表面意思，而没有深入体会领导的真实意图，可能会误以为领导只是在简单地肯定团队的表现，而没有意识到领导可能是在暗示团队虽然完成了任务，但在某些方面仍存在不足，有很大的提升空间。其次，小李可能会因为急于表达团队的困难而忽略了领导对结果的重视程度，从而导致沟通不畅。此外，如果小李没有深入思考领导的真实意图，可能会错过与领导进一步沟通的机会，无法争取到领导对团队的支持和理解。

21 同事说“你的工作效率真高”：是肯定工作速度，还是表达嫉妒和不满？

午后的办公室里，键盘敲击声此起彼伏。当林瑶把最新的策划案发给主管时，隔壁工位的周敏突然探过身，似笑非笑地说：“林瑶，你的效率可真高啊。我熬了两个通宵，还没你一个下午写得快。”

林瑶握着鼠标的手顿了顿。上周主管临时安排的紧急任务，这几天她每天加班到十点。“刚好有点儿之前的资料参考。”她勉强地笑了笑，说道。

“原来是这样呀。”周敏拖长语调，突然压低声音说，“听说主管准备提拔个组长，你这么能干，机会很大吧？”

听到这话，林瑶顿时喉咙发紧，生硬地说道：“我只是做好本职工作……”

周敏话中有话地说道：“到时候可别忘了我们这些老同事啊。”

林瑶盯着电脑桌面，不知该如何接话……

如何把握同事话语的含义

当同事说“你的工作效率真高”时，应该把握以下重要信息：

同事的真实意图： 同事的这番话可能表面上是对你的夸赞，但实际上隐藏着其他意图。首先，我们需要判断这是真诚的赞美，还是带有讽刺、嫉妒或竞争意味的批判。

工作环境和背景： 我们需要结合当前的工作环境和工作背景来理解同事的这句话。如果近期有晋升机会或团队内部存在竞争，那么同事的夸赞可能是一种试探或暗示。

自身表现的反思： 可以借此机会反思自己的工作表现和与同事之间的关系。如果同事的夸赞是真心的，可以继续保持这种高效的工作状态；如果同事是带有其他意图的暗讽，则应思考是否需要调整工作方式，避免引起误解或嫉妒。

同事可能的言外之意

当同事说“你的工作效率真高”时，可能包含以下言外之意：

① **“我真心佩服你的工作效率。”**

同事可能是真心赞叹你的工作效率很高，让人心生敬佩。

② **“我可能需要你的帮助，提升自己的效率。”**

同事可能觉得自己在工作效率上有待提升，希望得到你的帮助，也可能是在暗示你分担更多的团队任务。

③ **“你追求个人效率，但没考虑团队协作。”**

同事可能觉得你在追求个人效率的同时，没有充分考虑团队整体的协作和沟通，甚至影响了团队的效率和氛围。

④ **“你效率高，但没有充分理解任务要求。”**

同事可能觉得你虽然快速完成了工作任务，但没有充分理解任务的具体要求，导致工作成果不符合预期。

得体的应对策略

保持谦逊

无论同事的真实意图是什么，都应保持谦逊、礼貌的态度。这样既能避免显得自满，又能营造积极的工作氛围。

了解对方的真实意图

如果不确定对方的真实意图，可以尝试进一步了解情况。例如，可以向同事询问："最近项目比较紧张，大家都在努力，你是不是也遇到了类似的挑战？"通过这种方式，既能探明对方的真实想法，又能表达对同事的关心。

关注团队合作

跟同事强调团队合作的重要性，避免对方认为你是在单打独斗。这样可以缓解潜在的竞争关系，增强团队凝聚力。

保持警惕

如果感觉同事的言辞中带有强烈的嫉妒或竞争的意味，应保持警惕，但不要与之发生正面冲突。同时，注意观察同事后续的行为，避免卷入不必要的办公室纷争。

如果故事中的林瑶只理解了同事说"你的工作效率真高"的表面意思，可能会误以为同事是在真诚地夸赞她的工作效率，而没有察觉到其话语中暗含的讽刺和嫉妒。这种误解可能导致林瑶对同事的真实意图毫无防备，进而影响两人之间的关系。其次，故事中的林瑶如果只听懂了同事的表层意思，那么就可能意识不到同事这句话背后隐藏着的竞争心理，同事在后续工作中可能会出现故意使绊子、孤立等不友好的行为。

22 同事说“听说××（领导）很看好你”：是遇到职场伯乐，还是同事间的虚实试探？

公司的茶水间里，小李正独自泡茶，小张走了过来，神秘兮兮地说：“听说××（领导）很看好你呢。”

小李心里一紧，有些疑惑地看着小张。

小张继续说：“我听××（领导）在会议上提到你，说你工作能力强，很有潜力。”

小李皱了皱眉，问道：“那他为什么一直不给我分配重要的项目呢？”

小张耸了耸肩，说道：“可能是在等合适的时机？”

小李叹了口气，这种模棱两可的话反而让他的心里更加忐忑。

如何把握同事话语的含义

当同事说“听说××（领导）很看好你”时，应该把握以下重要信息：

信息来源的可靠性：首先，要判断同事传递的信息是否可靠，避免被不实信息误导。

同事的真实意图：同事传递这种信息可能有多种目的。首先，同事可能是出于好意，想提醒你，让你意识到领导对你的关注，不要错过提升自己的机会；其次，同事也可能是想试探你的反应，或者通过这种方式制造一些办公室话题。

潜在的职场动态：同事的这种说法可能反映了公司内部的某些人事变动，比如，领导对你的观察和评价，或者团队内部的竞争关系等。这可能是一个信号，表明你的表现引起了领导的注意。

同事可能的言外之意

当同事说“听说××（领导）很看好你”时，可能包含以下言外之意：

① “我想让你知道领导对你的认可。”

同事可能想让你知道领导对你的认可和赞赏，也可能是希望你能在团队中发挥更大的作用，承担更多的责任。

② “我想提醒你领导对你的期望。”

同事可能想提醒你领导对你的期望很高，希望你能继续保持积极向上的工作状态，不要让领导和同事失望。

③ “我想提醒你注意团队内部的竞争。”

同事可能想提醒你对团队内部的竞争要多加小心，暗示你可能会面临很多无形的压力和挑战。

得体的应对策略

保持冷静，不轻易表露情绪

听到这种消息时，不要表现得过于兴奋或紧张。例如，可以微笑着说："哦，是吗？谢谢你的提醒。"这样既能保持礼貌，又能避免让同事看出你的真实想法。

确认信息来源

礼貌地询问同事消息的来源。例如，"你是从哪里听到的呀？"这样可以判断信息的可靠性和真实性，避免被不实消息误导。

保持专注，不被闲言碎语影响

不要因为同事的闲言碎语而影响自己的情绪和工作状态。保持专注，继续做好本职工作，用实际行动证明自己的能力。

主动与领导沟通

如果觉得有必要，可以找机会与领导沟通，了解领导的真实想法。这样可以避免误解，明确工作方向，提升工作效率，同时展现积极主动的态度，赢得领导的信任与支持。

如果小李只理解同事说"听说 ××（领导）很看好你"的表面意思，可能会误以为领导真的对自己非常认可，从而对未来的晋升或重要项目分配抱有过高的期望。其次，小李可能会因为同事试探性的话语陷入焦虑，担心自己错过机会，从而影响工作表现和情绪状态。此外，同事这种"神秘兮兮"的传递信息的方式可能带有其他目的，比如，试探小李的反应、制造紧张氛围或谣言等。如果小李只听懂了同事话的表面意思，可能会卷入办公室的闲言碎语中，影响与同事和领导的关系。

23 同事说"你的想法很有个性"：是认可创意，还是暗示与团队发展方向不符？

会议室的角落里，小陈正忙着整理会议资料，小赵走了过来，拍了拍小陈的肩膀，笑着说："小陈，你的想法很有个性。"

小陈有些意外地抬起头，问道："是吗？怎么讲？"

小赵靠在桌边，语气轻松地说："上次项目讨论，你提出的方案和大家都不一样，虽然没被采纳，但确实让人眼前一亮。"

小陈沉默了一会儿，皱着眉头说："可我觉得我的方案其实很有可行性，只是大家好像不太理解。"

小赵叹了口气，安慰道："我也觉得你的想法不错，但领导可能更倾向于保守一些的方案。"

小陈点了点头，但心里依然满是迷惑……

如何把握同事话语的含义

当同事说"你的想法很有个性"时，应该把握以下重要信息：

同事的真实意图：同事可能是在真诚地肯定你的创意，但也可能是在委婉地表达你的想法与团队或领导的期望存在偏差。因此，首先需要判断这句话是单纯的赞美，还是带有其他暗示。

理解公司文化和领导的决策风格：当同事这样说时，需要充分理解公司文化，避免因过于激进的想法而与团队目标不一致。

方案的可行性与接受度：同事这样评价可能意味着方案虽然有创意，但在实际操作中会面临很多困难。这时，需要反思自己的方案是否结合实际充分考虑了可行性、资源限制和团队意见等。

同事可能的言外之意

当同事说"你的想法很有个性"时，可能包含以下言外之意：

① "你的想法很独特，我很欣赏。"

同事可能是真诚地赞赏你的想法，觉得你的想法独特且有创意，希望能为团队带来新的思路。

② "你的想法很有创意，但可能需要调整。"

同事可能认为你的想法很有创意，但在实际操作中需要考虑调整或优化。

③ "你的想法很有创意，但不符合团队的风格。"

同事可能认为你的想法虽然很有创意，但未与团队的整体风格或公司文化保持一致。

得体的应对策略

表达感谢

当听到同事这样说时，首先要感谢同事对自己的认可，这不仅能体现自己的谦逊和礼貌，还能让同事感受到自己积极的工作态度。

询问具体意见

进一步了解同事的看法。例如，“我的这个想法在哪些方面让你觉得有个性呢？”通过进一步的询问，可以更清楚地了解同事对自己的评价，同时也表现出你虚心听取他人意见的态度。

反思方案的可行性

结合同事的反馈，反思自己的方案。例如，“我会重新思考如何让这个方案更贴合实际情况”。这表明你愿意从多个角度审视自己的工作成果。

尊重团队意见

强调自己对团队和领导意见的尊重。例如，“我明白团队和领导可能有其他方面的考虑，我会努力让自己的想法更符合大家的期望”。这不仅能减少同事的顾虑，还能展现自己的团队精神。

如果故事中的小陈只理解同事说“你的想法很有个性”的表面意思，可能会误以为同事是在夸赞自己的独特创意，而没有意识到同事这句话背后可能隐含的复杂含义。小陈可能会因此表现得过于自信，认为自己的方案一定会被认可，从而忽视了方案在实际执行中可能遇到的问题。其次，小陈可能会因为同事的夸赞而对给方案提出有建设性意见和建议的同事耿耿于怀，进而产生消极情绪，影响后续工作的积极性。

24 同事说"你的性格很直率"：是欣赏你的坦诚，还是暗示你不懂职场分寸？

午休时间，办公室里一片嘈杂。小林正坐在工位上整理文件，同事小王走了过来，笑着对他道："小林，你的性格很直率。"

小林抬起头，有些意外地问道："直率？是说我说话太直接了吗？"

小王点了点头，回答道："对呀，周四的部门例会上，你直接指出刘姐方案的漏洞，让大家都很尴尬。"

小林皱起眉头说："我只是觉得有问题就应该及时提出，不然项目会出问题的。"

小王叹了口气，说道："我知道你的出发点是好的，只是希望你能稍微委婉一些。"

小林挠了挠头，无奈地说："好吧，我会改正的。"

两人对视片刻，小王拍了拍他的肩膀，起身离开。小林望着窗外，心中满是迷茫……

如何把握同事话语的含义

当同事说“你的性格很直率”时，应该把握以下重要信息：

同事的真实意图：同事可能是在委婉地提醒你，你的行为在某些场合过于直接，甚至可能让他人感到尴尬。此时，这并不是对你的赞美，而是带有建议成分的提醒。

直率行为的影响：同事这样说，可能是在暗示你的直率行为已经在团队中产生了一些负面影响，比如让同事感到难堪、破坏团队氛围，甚至影响了整个团队的工作效率。

沟通方式的调整：同事的提醒是一个信号，表明你可能需要调整自己的沟通方式。例如，学会在提出批评或建议时，先肯定他人的努力，再委婉地表达自己的观点等。

同事可能的言外之意

当同事说“你的性格很直率”时，可能包含以下言外之意：

① “我喜欢你直率的性格。”

同事可能很欣赏你的直率性格，认为这种性格很真诚、坦率，希望对你有更深入的了解。

② “你的直率会给工作带来一些麻烦。”

同事可能意识到你的直率会在某些情况下带来麻烦或冲突，希望你注意表达方式，避免出现误解和矛盾。

③ “你的直率可能会让其他同事感到不舒服。”

同事可能觉得你的直率会让团队的其他成员感到不舒服或不自在，希望你能够调整自己的沟通方式。

得体的应对策略

反思自己的行为

承认自己的行为可能存在问题，并表示愿意进行反思和改正。例如，“我有时候说话确实太直接了，以后我会注意的”。这不仅能体现你的自省能力，还能让同事感受到你的诚意。

询问具体建议

向同事寻求具体的改进建议。例如，“你觉得我怎样表达会更好呢？”这样不仅能获得同事的有效反馈，还能展现自己谦虚、好学的工作态度。

表达自己的出发点

明确表达自己的出发点，让同事理解你的初衷。例如，“我提出这个问题是为了能更好地推进项目，当然，我也应该注意自己的表达方式”。这样既能让对方了解你的初衷，也能让同事知道你意识到了自身存在的问题。

主动调整沟通方式

在后续的工作中，有意识地调整自己的沟通方式，让同事感受到你的改变。

如果故事中的小林只理解了同事口中“你的性格很直率”的表面意思，而没有意识到其背后的暗示和建议，可能会误以为“直率”是单纯对自己性格的描述，而不会想到这可能是同事委婉的批评。小林可能意识不到自己的问题，从而忽视了同事的提醒。其次，同事的这句话可能在暗示小林的说话或办事方式影响了团队的整体氛围。如果小林没有理解同事话语的这层含义，可能会继续在团队中采取这种直接的表达方式，进而导致同事之间关系紧张。

四

关于职业发展的潜台词

25 领导说“你还年轻，还有很多机会”：是领导的鼓励，还是被推迟晋升的潜规则？

年终总结会上，小刘因为项目进度未达标而被领导点名批评。

会后，领导走过来，轻声安慰道：“别太难过，你还年轻，还有很多机会。”

小刘站起身来，眼神中带着一丝迷茫，对领导说：“领导，这次项目失败，我真的不知道该怎样弥补公司的损失。”

领导叹了口气，说：“不用过度在意一次的失误，毕竟你还年轻。”

小刘皱了皱眉头，心里想：我到底该怎么做呢？

如何把握领导话语的含义

当领导说“你还年轻，还有很多机会”时，应该把握以下重要信息：

领导的安慰与鼓励：领导这番话首先是对员工的安慰和鼓励，表明领导能够理解和体谅员工因为年轻而经验不足的现实，希望员工能在工作中继续保持积极的心态应对未来的挑战。

领导对未来的期望：领导提到“还有很多机会”，这表明他对员工未来的表现充满期待，认为这个员工有能力在后续的工作中弥补不足，展现出更大的潜力。

反思与改进的机会：领导的安慰也暗示你应该从失败中吸取教训，反思问题所在，并在后续工作中不断改进。这不仅是领导对你的期望，也是你成长的重要契机。

领导可能的言外之意

当领导说“你还年轻，还有很多机会”时，可能包含以下言外之意：

① “你目前遇到了一些挫折，但不要灰心。”

领导可能注意到你最近在工作上遇到了一些困难或挫折，希望你不要灰心，以积极的心态克服困难。

② “你还有很大的发展空间，不要满足于现状。”

领导可能认为你还有很大的发展潜力，希望你不要满足于现状，抓住机会，继续努力提升自己。

③ “你目前需要积累更多的经验。”

领导可能希望你目前能够静下心来，积累更多的工作经验，继续学习和提升，不要急于求成。

④ “你目前没有得到预期的机会，但未来会有更多发展的机会。”

领导可能意识到你目前虽然没有得到与能力相匹配的机会，但希望你不要灰心，要以最好的状态迎接更多的机会和挑战。

得体的应对策略

承认失误并反思

主动承认工作中的失误，并表达自己已经进行了深刻的反思。这样不仅能体现你的责任感，还能让领导看到你从失败中认真学习的态度。

表达改进的决心

明确表示自己有决心改进，并且会在后续工作中更加努力，这样才能让领导看到你的进取心和成长潜力。

提出具体计划

可以向领导提出自己具体的改进计划或目标，这不仅能体现自己的主动性和解决问题的能力，还能让领导看到你的行动力。

保持积极心态

向领导表明自己将保持积极的心态，继续努力，为公司创造更多的价值。

如果故事中的小刘只理解领导说“你还年轻，还有很多机会”的表面意思，而没有深入领会领导的安慰和鼓励意图，可能会误以为领导是在敷衍自己，没有真正关心自己的感受和困惑，从而感到自己被领导忽视。其次，小刘可能会因为领导的这句话而产生“反正还年轻，成功失败无所谓”的误解，进而对工作失去积极性和责任感。此外，小刘可能会因为没有理解领导安慰的背后隐藏的对自己的期望，而错过与领导进一步沟通和解决问题的机会。

26 领导说“目前要以学习为主”：是重点培养的对象，还是能力欠缺的信号？

季度绩效考核面谈时，陈默把精心准备的升职申请推到李总面前，说道：“李总，我来公司两年了，这次想申请晋升高级专员。”

李总扫了一眼材料，笑着说：“小陈啊，你的进步我都看在眼里。不过现阶段还是要以学习为主，把基础打扎实。”

“可我已经独立负责三个项目了，上次客户还专门表扬……”

“年轻人不要着急嘛。”李总打断他，说道，“公司正在计划重点培养你们这批年轻的骨干，多积累经验最重要。”

走出办公室，陈默看见新来的实习生正抱着刚做完的市场分析报告往副总办公室跑……

如何把握领导话语的含义

当领导说“目前要以学习为主”的时候，应该把握以下重要信息：

保持耐心： 领导建议以学习为主，也暗示员工需要保持耐心，不要急于求成。此时，员工需要保持积极的工作态度，继续提升自己，为未来的职业生涯做好准备。

领导的长远规划： 领导强调“现阶段要以学习为主”，这可能意味着公司和领导对员工的发展有长远的培养计划，希望员工能够继续提升自己的能力和综合素质。

积累经验的重要性： 领导的这句话也是在暗示员工，虽然已经取得了一定的成绩，但还需要更多的实践经验来巩固和提升自己的能力。领导希望员工不要急于求成，而是要稳扎稳打，注重长期的职业发展。

领导可能的言外之意

当领导说“目前要以学习为主”时，可能包含以下言外之意：

①“你需要提升自己的专业能力和知识。”

领导可能认为你目前的专业能力或知识水平需要进一步提升，希望你制订详细的计划，通过学习弥补不足。

②“公司目前有很多适合你学习和培训的机会。”

领导可能希望你利用公司提供的学习和培训的机会，提升自己的能力。

③“你目前还没有能力承担更多工作任务。”

领导可能认为你目前还没有足够的能力承担更多、更重的工作任务，需要通过学习来提升自己的综合竞争力。

④“你目前的工作表现需要进一步提升。”

领导可能认为你目前的工作表现还不够理想，需要付出更多努力和时间来学习，以符合公司的期望和标准。

得体的应对策略

认可领导的建议

明确表示理解领导的建议。例如，“我明白领导的意思，现阶段确实需要更多积累和学习”。这能让领导感受到你愿意接受他的建议，并且能够从公司的角度看待问题。

主动询问具体建议

向领导询问具体的提升方向和建议，这不仅能体现员工的主动性和学习意愿，还能获得领导的指导和帮助。

表达期望

结合自己的职业规划，表达自己的期望和目标，这样不仅能让领导了解自己的职业规划，也能为自己争取更多的发展机会。

表达学习意愿

明确表示自己愿意在现阶段专注于学习和积累经验。例如，“请领导放心，我会把重点放在学习和积累经验上”。这能让领导感受到员工积极的态度，增加对员工的信任，从而提供更多成长机会，助力其职业发展。

如果故事中的陈默只理解领导说“目前要以学习为主”的表面意思，而没有深入领会领导的意图，可能会误以为领导只是在敷衍自己，没有真正认可自己的努力和能力，从而感到失望和沮丧。其次，陈默可能会认为领导是在回避自己的升职申请，而没有意识到领导可能是在暗示他需要进一步提升自己的综合能力，为未来的晋升打下更坚实的基础。此外，陈默可能会因为没有理解领导的长远规划，对公司的培养计划产生误解，进而影响他对公司未来发展的信心。

27 领导说“你适合走专业路线”：是对专业能力的肯定，还是对从事管理工作的隐性拒绝？

会议结束后，小张被领导叫到了办公室。领导开门见山地说：“小张，这次你的表现很不错，尤其在技术难题方面，你展现出了出色的解决能力，为公司节省了大量时间和资源。”

小张谦虚地笑了笑，说：“谢谢领导夸奖，我会继续努力的。”

领导接着说：“我觉得你适合走专业路线，深入钻研技术，成为团队的核心力量。”

小张沉默了一会儿，有些犹豫地说：“领导，感谢您对我的认可，但我一直想尝试管理岗位，想在团队协作方面有所突破。”

领导微微皱眉，沉思片刻后说：“先专注于专业，等积累了足够的经验再说。”

小张的心里有些失落，办公室里一片安静……

如何把握领导话语的含义

当领导说“你适合走专业路线”时，应该把握以下重要信息：

对专业能力的认可：领导建议员工走专业路线，表明领导高度认可员工在专业领域的表现和能力。这是一个积极的信号，说明员工在技术方面已经取得了显著的成绩。

职业发展建议：领导建议员工“深入钻研技术”，可能是因为领导认为员工在技术方面有更大的发展空间。领导看到了员工在专业领域的优势，并希望员工能进一步提升自己的技术能力，为未来的职业发展打下更坚实的基础。

公司的职业规划方向：领导的建议可能在一定程度上反映了公司的职业规划方向和对人才的需求。现阶段，公司可能更倾向于培养技术方面的人才，而不是过早地将技术人才转向管理岗位。

领导可能的言外之意

当领导说“你适合走专业路线”时，可能包含以下言外之意：

① “公司有明确的职业发展路径，希望你选择专业方向。”

领导可能认为你在专业领域表现出色，有很强的能力和潜力，希望你在专业领域取得更大的成就，为公司带来更多的价值。

② “公司希望你在专业领域成为专家。”

领导可能因为你优异的表现认可你的潜力，并期望你在技术或管理方面深入钻研，成为团队的中流砥柱。这不仅是对你能力的肯定，更是对你未来发展的期许。

③ “你目前在管理或其他方面还不够成熟。”

领导可能认为你在管理或其他方面的表现一般，需要更多的实践和经验积累才能达到公司的要求，因此更适合在专业领域深耕。

得体的应对策略

理解领导的意图

表示理解和认同领导的建议。例如，“我明白领导的意思，您希望我在技术领域深耕，积累更多的经验”。这不仅能让领导感受到你愿意接受他的指导，还能展现自己的积极态度和对工作的认真投入，从而进一步赢得领导的信任和支持。

明确自己的职业规划

可以向领导表达自己的职业规划和兴趣点。例如，“我非常感谢您的建议，我也希望能继续提升自己的技术能力。不过，我对 ×× 岗位也有浓厚的兴趣，希望能在这方面有所突破”。这样的表达不仅能让领导了解你的职业规划，还能为自己争取更多的发展机会。

询问具体建议

向领导询问具体的提升方向和建议。例如，“您觉得我目前最需要提升哪些方面？有没有推荐的学习资源或项目？”这不仅能体现你对自身成长的重视，还能让领导感受到你的积极态度和进取心，从而获得更有针对性的指导和支持。

如果故事中的小张只理解领导说“你适合走专业路线”的表面意思，而没有深入领会领导的意图和建议，可能会误以为领导是在给他的职业生涯贴固定标签，认为他只能在技术领域发展，而忽略了领导对他的潜力和未来发展的考虑。其次，小张可能会觉得领导没有充分尊重他的职业规划和选择，从而产生失落感和挫败感。此外，小张可能会因为急于表达自己对管理岗位的渴望，而忽略了领导真诚的建议。

28 领导说“这次调整是出于全局考虑”：是掩盖实际问题，还是人事变动的密码？

公司会议室门口，几位员工正低声讨论着刚刚结束的部门调整会议。

小李满脸困惑，对小王说：“领导说这次调整是全局考虑，可我真不明白，为什么我们部门要被拆分？”

小王一脸无奈地说：“是啊，我听说好几个项目都被搁置了，我们手上的工作也全被打乱了。”

一旁的老张叹了口气，说道：“领导说这次调整是出于全局考虑，领导肯定有他们的难处吧。”

小李急切地问：“那我们该怎么办？项目进度都受影响了。”

老张摇了摇头，无奈地说：“只能等领导进一步通知了，希望我们能尽快适应吧。”

小王无奈地耸了耸肩，说道：“也只能这样了。”

三个人面面相觑……

如何把握领导话语的含义

当领导说“这次调整是出于全局考虑”时，应该把握以下重要信息：

公司整体战略的调整：领导提到“全局考虑”，这通常意味着这次调整是为了适应公司整体战略的变化，可能是为了更好地整合资源，优化业务结构，提升市场竞争力，确保公司在未来发展中占据有利地位。

调整的长远意义：领导的这句话暗示这次调整是为了公司的长期发展，可能涉及面比较广。虽然短期内会有一些混乱和不便的情况出现，但从长远来看，这次调整是为了公司更好地发展。

个人的调整与成长：这次调整可能是一个机会，可以让员工重新审视自己的工作职责和职业发展路径。员工不仅可以思考如何在新的环境中发挥自己的优势，还可以通过各种途径和方式提升自己的能力。

领导可能的言外之意

当领导说“这次调整是出于全局考虑”时，可能包含以下言外之意：

① “这次调整是从公司的整体利益出发的。”

领导希望员工们理解并支持公司的决定，这次调整虽然短期内可能会对某些部门或个人产生影响，但有利于公司的整体利益。

② “这次调整是为了优化资源配置。”

领导可能认为这次调整是为全局考虑，可以实现资源配置效率最优化和效益最大化，激发团队活力。

③ “这次调整可能会影响你的工作内容或职责。”

领导可能意识到这次调整会对部分员工的工作内容或职责产生影响，希望员工能积极适应工作的变化，确保工作顺利进行。

得体的应对策略

表达理解和支持

表达对领导决策的理解和支持。例如，“领导，我明白这次调整是为了公司的整体发展，虽然短期内可能会有些不便，但我一定全力支持”。这不仅能体现你的职业素养，还能让领导感受到你对公司的热爱。

主动询问具体原因

向领导询问调整的具体原因和目标。例如，“领导，这次调整是基于哪些战略考虑呢？我们部门在其中扮演什么角色？”这不仅能帮助你更好地理解这次调整的意义，还能展现你的主动性和学习意愿。

积极适应变化

表示愿意积极适应新的变化。例如，“我会尽快调整自己的工作方式，确保在新的环境中继续保持高效的工作状态”。这能让领导感受到你的灵活性和责任感，增强对你的信任，从而在领导心中树立良好的形象，促进职业发展。

提出建设性建议

如果条件允许，可以提出一些具体的建议或想法，帮助团队更好地适应调整。例如，“我们可以组织一次团队会议，梳理手头的任务，看看如何更好地推进工作”。这不仅能体现你的主动性和责任感，还能激发团队成员的参与热情，共同找到解决问题的最佳方案，提升整体工作效率。

如果故事中员工只理解领导说“这次调整是出于全局考虑”的表面意思，而没有深入理解背后的复杂情况和战略意图，可能会误以为领导是在用“全局考虑”这个理由来掩盖实际问题，而没有意识到本次调整可能是基于公司整体战略的需要。这可能会导致员工对领导的决策产生怀疑，进而影响其对公司的信任。其次，员工可能会因为不理解公司进行调整的具体原因而感到困惑或焦虑，不知道如何应对当前的变动，进而影响员工工作积极性和团队士气。

29 前辈分享“行业未来会有大变化”的观点：是透露转型信号，还是暗示行业前景堪忧？

在一家传统制造业公司的茶水间里，几位员工正围坐在一起闲聊。

小李抱怨着最近订单减少，工作压力却一点儿没有减轻。

一旁的张工叹了口气，说：“你们还年轻，不知道这行业变化多快。我刚入行时，谁能想到这个行业会被新技术冲击。”

小王急切地问：“张工，那你觉得我们这个行业的未来会有哪些变化呢？”

张工若有所思地皱着眉头说道：“未来智能化、数字化可能是趋势，我们这种依靠手工和简单机械的生产模式肯定要被淘汰。”

小李想到自己刚入行不久，惊慌地问道：“那我们应该怎么办呢？”

张工摇摇头，无奈地说：“只能边走边看，年轻人多学点新技术吧。”

大家沉默了，茶水间的气氛变得十分沉重……

如何把握同事话语的含义

当前辈分享“行业未来会有大变化”的观点时，应该把握以下重要信息：

对行业趋势的警示： 前辈提到行业未来的趋势，这表明行业正在经历技术变革，传统的工作模式可能会逐渐被淘汰。这是对行业未来发展的明确警示，提醒新员工应该关注和适应这些变化。

学习新技术的必要性： 前辈建议学习新技术，也强调了在行业变革中，持续学习和提升技能的重要性。作为新员工应该意识到，只有掌握新技术，才能在未来的职场竞争中保持优势。

适应变化的重要性： 前辈表示行业变化是逐步发生的，需要你具备灵敏的职业嗅觉，保持灵活性和适应性，学会在变化中寻找机会，而不是被动地等待。

职业发展的规划： 前辈的分享为你提供了职业发展的参考方向。作为新员工应该思考如何在现有工作中逐步融入新技术，提升自己的综合能力，为未来的职业发展做好准备。

同事可能的言外之意

当前辈分享“行业未来会有大变化”的观点时，可能包含以下言外之意：

① “你需要提前做好准备，适应行业变化。”

前辈可能希望你提前做好准备，积累人脉和资源，提升自己的能力和知识，以适应行业未来的变化。

② “行业变化可能带来新的机会和挑战。”

前辈可能认为行业变化会带来新的机会和挑战，希望你能够抓住机会，应对挑战。

③ “行业变化可能需要你学习新的技能和知识。”

前辈可能认为行业变化需要你学习新的技能和知识，转换思维方式，提升竞争力。

④“行业变化可能会影响你的工作内容和职责。”

前辈可能意识到行业变化可能会影响你的工作内容和职责，希望你提前做好准备，积极适应。

得体的应对策略

表达感谢和尊重：首先要感谢前辈分享经验，表达对前辈的尊重。例如，“谢谢张工的经验分享，您的话让我受益匪浅”。这不仅能体现你的谦逊，还能让前辈感受到你的诚意和尊重。

深入了解行业趋势：主动询问更多关于行业趋势的细节。例如，“张工，您能具体说说新技术在我们行业中的应用吗？”这不仅能帮助你更好地理解行业变化，还能体现你对未来的关注和学习的意愿。

积极学习新技术：表示愿意积极学习新技术，提升自己的综合竞争力。例如，“我会利用业余时间学习相关的新技术，争取尽快适应行业变化”。这能让前辈看到你的进取心和对新技术的关注，从而获得更多的指导和机会。

制订个人发展计划：结合前辈的建议，制订适合自己的职业发展计划，并请前辈提出建议。这不仅能帮助你明确未来的职业方向，还能在实施过程中不断优化策略，提升能力，实现职业目标。

如果故事中的年轻员工只理解张工说“行业未来会有大变化”的表面意思，而没有深入理解其中的警示和建议，可能会误以为行业前景一片黯淡，从而陷入过度的焦虑和恐慌，影响工作积极性和职业信心。其次，他们可能会因为没有意识到学习新技术的重要性，而继续沿用传统的工作方式，从而导致在未来的职场竞争中处于劣势。此外，年轻员工们可能会对公司的未来产生不信任感，认为公司无法应对行业变化，进而影响他们对公司的忠诚度和归属感。

30 面试官强调“这个岗位需要创新思维”：是真的亟待变革者，还是委婉表达你缺乏相关经验？

面试官翻开小陈的简历，微笑着对他说：“小陈，你在简历里提到的项目经验很不错，但我想了解一下，你对创新思维的理解是什么？”

小陈抬起头，认真地回答道：“我认为创新思维就是尝试用不同的方式去解决问题，不局限于传统的模式。比如在之前的项目中，我尝试过用新的数据分析方法来优化流程。”

面试官满意地点点头，说：“不错，但这个岗位需要的不仅仅是优化，而是真正的创新。我们需要的是能够打破常规、提出全新解决方案的人才。”

小陈沉默了一会儿，有些尴尬地说：“我……我更擅长在现有基础上改进。”

面试官淡淡地说：“我们会综合考虑所有候选人。感谢你来参加公司的面试。”

面试结束，小陈带着些许失落离开了……

如何把握面试官话语的含义

当面试官强调“这个岗位需要创新思维”时，应该把握以下重要信息：

岗位对创新力的具体要求：面试官提到“创新思维”，表明岗位需要的不仅仅是改进现有流程或方法的创新力，而是能够提出全新的解决方案的能力，因此要理解岗位对创新的具体要求。

创新的深度和广度：面试官强调“打破常规”，这意味着岗位需要的创新力不仅仅是小的改进，而是能够从根本上改变现状的创新。因此，应聘者需要展示自己在创新方面的深度和广度。

创新的思维方式：面试官强调“创新思维”，这不仅仅是要求应聘者能够提出新的想法，还涉及思维方式的转变。应聘者需要展示自己能够跳出传统思维框架，从不同角度思考问题的能力。

面试官可能的言外之意

当面试官强调“这个岗位需要创新思维”时，可能包含以下言外之意：

①“我们希望你能带来新的想法和解决方案。”

面试官可能希望应聘者能在工作中充分发挥创新能力，为公司带来新的想法和解决方案，推动业务发展。

②“我们希望你能提出并实施新的业务模式。”

面试官可能希望应聘者准备一些具体的创新案例，能提出并实施新的业务模式，推动公司的业务转型。

③“我们希望你能解决复杂问题。”

面试官这样说可能希望应聘者能在未来的工作中用创新思维解决复杂的业务问题，提升公司的综合竞争力。

④“我们希望你能推动团队创新。”

面试官可能是在强调这个岗位需要你发挥团队合作能力和领导能力，希望你能带动团队的创新氛围，提升团队的整体表现。

得体的应对策略

理解岗位需求

应聘者应确认岗位对创新的具体要求。例如，“您能具体说说这个岗位需要在哪些方面进行创新吗？”这不仅能帮助应聘者更好地理解岗位需求，还能展现自己对细节的关注和愿意主动沟通的态度。

展示创新案例

分享具体的创新案例，展示应聘者过去在工作中是如何用创新思维解决问题的。

强调创新思维

明确表达自己对创新思维的理解和应用。例如，“我认为创新思维不仅仅是提出新想法，更是能够从不同角度思考问题，打破常规，找到更有效的解决方案”。这能让面试官看到你对创新的深刻理解。

提出创新计划

结合岗位需求，提出具体的创新计划或想法。例如，“如果我有幸加入贵公司，我计划引入新的技术或方法来提升我们的产品竞争力。具体来说，我打算……”这不仅能展示你的创新力，还能体现你的前瞻性和行动力。

如果故事中的小陈只理解面试官强调的“这个岗位需要创新思维”的表面意思，而没有深入理解其背后的期望和要求，可能会误以为面试官只是在寻找一个有创意的员工，而没有意识到这一岗位需要员工具备能够真正打破常规、提出全新解决方案的能力。这可能导致小陈在面试中没能充分展示自己在创新方面的潜力，从而错失工作机会。其次，小陈可能会因为没有理解面试官对“创新”的定义，而对自己的能力产生怀疑，认为自己的创新能力不足，进而影响自信心和面试表现。此外，小陈可能会因为没有把握住面试官的真正需求，无法在面试中有效展示自己的优势和潜力，导致面试结果不理想。

31 领导说“公司会考虑你的建议”：是积极采纳的信号，还是拖延敷衍的说辞？

在公司会议室里，员工小张正向领导李总汇报一项工作的改进方案。

小张神情认真，语气恳切地说：“李总，我经过调研发现，目前我们部门的流程存在一些低效环节，如果能按照我这个方案调整，效率至少能提升30%。”

李总听完后，微微点头，但表情有些严肃地说：“小张，你的想法不错。”

小张见李总没给出明确的回答，有些着急地说：“李总，这个改进方案对部门的长期发展很有帮助，而且成本并不高。我们可以先进行小范围试点。”

李总叹了口气，说道：“我知道你的出发点是好的，但公司现在的情况比较复杂。你的建议我们会考虑。你先回去吧，谢谢你对公司提出的宝贵建议。”

小张沉默了一会儿，带着一丝失落离开了李总的办公室……

如何把握领导话语的含义

当领导说“公司会考虑你的建议”时，应该把握以下重要信息：

建议的可行性：领导没有立即采纳员工的建议，可能是因为需要进一步评估方案的可行性。此时，员工需要思考自己的建议是否充分考虑了公司的实际情况，是否需要进一步优化或调整。

公司当前的情况：领导提到公司现在的情况，这暗示公司可能面临一些内部或外部的挑战，这些挑战可能会对员工建议的实施产生影响。员工需要理解公司当前的整体状况，包括资源分配、战略方向、时间安排等。

领导的谨慎态度：领导的严肃表情和谨慎言辞表明他对员工建议的实施持保守态度。员工要及时领会领导的意思，避免过于急切地推动方案。

进一步沟通的机会：领导说“公司会考虑”，这表明公司对你的建议持开放态度，但需要更多的时间和信息支持才能做出决定。这也为员工提供了进一步与领导沟通的机会，员工这时可以主动询问领导需要补充哪些信息或数据，以便完善方案。

领导可能的言外之意

当领导说“公司会考虑你的建议”时，可能包含以下言外之意：

① “你的建议很有价值，我们会认真考虑。”

领导认为员工的建议很有价值，值得公司采用，但需要经过充分地考虑后才能实施。

② “你的建议需要进一步评估和讨论。”

领导感谢员工能为公司提出建议，但是员工提出的建议不够成熟，公司需要评估和讨论其可行性和实施效果。

③ “你的建议可能会被采纳，但需要一些调整。”

领导可能认为员工的建议可以被采纳，但需要进一步调整和优化。

④ “你的建议需要与公司的整体战略对齐。”

领导可能认为虽然员工的建议很有创意，但是需要与公司的整体战略对齐，以确保其符合公司的长远目标。

得体的应对策略

提出小范围试点

如果领导对全面实施方案持谨慎态度，可以建议先进行小范围试点。例如，“领导，我们可以先在小范围内试点这个方案，看看效果如何，再决定是否全面推广”。这不仅能降低风险，还能为你的建议提供试验的机会。

询问具体考虑方向

主动询问领导对建议的具体考虑方向。例如，“领导，您觉得我的建议在哪些方面还需要进一步完善或补充？”这不仅能帮助你更好地理解领导的顾虑，还能展现你愿意进一步优化方案的态度。

提供补充信息

如果领导提到需要更多的时间来验证其可行性，你可以主动提供补充信息或数据，这不仅能增强说服力，还能体现你的专业性和责任心。

如果故事中的小张只理解领导说“公司会考虑你的建议”的表面意思，而没有深入领会领导的言外之意，可能会误以为领导是在敷衍自己，没有真正重视自己的建议，从而感到被忽视。其次，小张可能会因为没有得到明确的答复而陷入焦虑，不知道自己的方案是否真的有机会被采纳，进而影响工作的积极性和对公司的信任。此外，小张可能会因为急于求成而忽略了领导的意图，没有意识到方案的实施可能面临的实际困难和复杂性，导致在后续工作中缺乏周全考虑，最终影响方案的实际效果。

32 面试官说“这个岗位需要全面人才”：是对综合能力的要求，还是招聘背后的陷阱？

面试官抬起头，微笑着对小李说：“我们看了你的简历，你的专业能力很不错。”

小李松了一口气，回答道：“谢谢您，我对这个岗位很感兴趣。”

面试官点了点头，接着说：“不过，这个岗位需要全面人才。我们希望应聘者不仅专业能力强，还要有良好的沟通能力、团队协作能力，甚至要能适应高强度的工作压力。”

小李有些紧张，回答道：“我之前在学校和实习中都有过不少开展团队项目的经验。”

面试官微微皱眉，说道：“我们希望看到更全面的能力展示，而不仅仅是专业技能。这次面试到此结束吧，谢谢你，小李！”

面试结束，小李带着遗憾离开了面试室……

如何把握面试官话语的含义

当面试官说“这个岗位需要全面人才”时，应该把握以下重要信息：

岗位要求的综合能力： 面试官提到这个岗位需要“全面人才”，表明岗位不仅需要应聘者具备较强的专业技能，还要求他们具备沟通、协作和抗压等各方面的能力。应聘者需要理解面试官口中“综合能力”的具体要求，并准备相应的事例来展示自己具备这些能力。

全面能力的展示： 面试官希望看到应聘者在面试中“更全面的能力展示”，因此应聘者需要在面试中全面展示自己的能力，包括但不限于专业技能、沟通能力、团队协作能力和抗压能力。

面试官的期望： 面试官的这番话也反映了他们对应聘者的期望。应聘者需要理解面试官的期望，并在面试中展示自己与这些期望的匹配度。

个人的持续成长： 面试官提到“全面人才”，这不仅是当前的要求，也是未来的发展方向。应聘者需要展示自己愿意不断学习和成长的意愿，并乐于提升自己的综合能力，以适应岗位的长期发展需求。

面试官可能的言外之意

当面试官说“这个岗位需要全面人才”时，可能包含以下言外之意：

① “我们需要的是具备多种技能的综合型人才。”

面试官可能希望候选人不仅具备专业技能，还需要具备其他相关技能，如沟通能力、团队合作能力、项目管理能力等。

② “我们需要的是能够适应多种任务的人才。”

面试官可能希望候选人能够适应多种任务，具备较强的灵活性和适应能力，能够应对各种挑战。

③ “我们需要的是能独立解决问题的人才。”

面试官可能希望候选人综合能力强，具备独立解决问题的能力，能够自主完成任务。

得体的应对策略

主动询问

主动询问面试官对自己能力展示的反馈。例如，“您觉得我在这些方面是否符合岗位的要求？如果有需要改进的地方，希望您能给我一些建议”。这不仅能帮助你了解自己的表现，还能展现你的开放心态和学习意愿。

展示综合能力

结合面试官的要求，展示你在多个方面的能力，并提供具体的案例来支持你的能力展示。

强调学习和成长

明确表示自己愿意不断学习和成长，从而提升自己的综合能力的意愿。例如，“我一直在努力提升自己的综合能力，不仅专业技能在不断进步，沟通和团队协作方面我也在持续学习。相信通过不断努力，我能够更好地适配这个岗位的需求”。

如果故事中的小李只理解面试官说“这个岗位需要全面人才”的表面意思，而没有深入理解其背后的期望和要求，可能会误以为面试官只是在强调岗位需要具备多种能力，而没有意识到面试官希望看到更具体、更全面的能力展示。这可能会导致小李在回答问题时，未能充分展示自己在沟通能力、团队协作能力及应对压力等方面的优势，从而错失机会。其次，小李可能会因为没有理解面试官对“全面人才”的具体定义，而对自己的能力产生误解，认为自己除专业技能外其他能力不足，进而影响自信心和未来的职业发展。

第二篇

家庭篇

一

与爱人相处的潜台词

33 爱人说“随便”：是尊重你的选择，还是消极的情绪抵抗？

“晚上想吃什么？”妻子站在冰箱前，满怀期待地询问丈夫的意见。

“随便。”丈夫漫不经心地回答，他的眼睛始终没有离开手机屏幕。

妻子深吸一口气，继续询问：“中餐还是西餐？”

“都行。”丈夫继续滑动着手机屏幕。

“每次都是这样。上周我说吃火锅，你说太油腻；前天我要吃日料，你又嫌生冷。”妻子有些失望地说。她关上冰箱门，力道比平时重些。

丈夫这才放下手机，不耐烦地说：“你今天怎么了？非要因为这点小事吵架吗？我累了。”

“我也累！”妻子的声音有些颤抖，“累的是永远在揣度你的‘随便’到底是什么意思！”

沉默在厨房蔓延。丈夫重新拿起手机，妻子转身面对水槽。水龙头被拧开，水流声淹没了妻子没有说出口的话……

如何把握爱人话语的含义

妻子在理解丈夫的“随便”时，需要把握三个关键信息：

语境信号： 留意丈夫说“随便”时的状态（如看手机、心不在焉），这往往不是真的无所谓，而是暂时不愿参与决策的回避态度。

历史参照： 妻子可以结合过往经验（如之前说随便却挑剔的情况），意识到这个词可能隐含“我现在不想思考，但希望你懂我”的矛盾期待。

情绪温度： 妻子可以察觉丈夫简单词语背后的情绪——疲惫时的“随便”是求助信号，烦躁时的“随便”则是沟通阻断剂，需要不同的应对方式。

爱人可能的言外之意

当爱人在某些情境下说“随便”时，可能包含以下言外之意：

① “我目前没有特别的偏好。”

爱人可能现阶段真的没有特别的偏好，对当前讨论的事情没有明确的意见。

② “我在试探你的态度。”

爱人可能在试探你的态度，看看你是否会在意他的感受。

③ “我在表达我的无奈或失望。”

爱人可能因为某些事情感到无奈或失望，通过“随便”这种相对消极的方式来表达情绪，爱人此时希望你能提出合理的建议或解决方案。

④ “我有点生气或不开心，不想说话。”

爱人可能因为某些原因感到生气或不开心，拒绝与你有过多的交流。

得体的应对策略

妻子可采取“三阶解码法”应对丈夫的“随便”：

即时层面

例如，用选择题代替问答题："晚餐想吃火锅还是日料？"同时观察非语言信号（叹气 / 皱眉），立即提供 2~3 个具象选项，破解对方的敷衍式回应。

情绪层面

妻子应学会区分"疲惫型随便"与"对抗型随便"：前者可给 15 分钟独处时间后重新询问，后者需用"你好像很烦躁，需要聊聊吗"引导对话，避免产生更深的误解。

关系层面

设立"无随便日"规则：每周固定一天，夫妻双方必须明确表达自己的需求，培养直接沟通的肌肉记忆。对反复出现的"随便后挑剔"，可用"上次选 A 你不满意，这次你选 B 好吗？"温柔反击。

如果像上述故事中的妻子那样，只理解丈夫"随便"的表面意思，她会认为丈夫真的不在乎吃什么，完全交给她决定。但事实上，丈夫那句"随便"背后往往藏着潜台词——可能是丈夫懒得思考，或是心里有偏好却不愿直说。妻子按自己的想法进行选择，丈夫有可能不满意，觉得"你怎么连我爱吃什么都不知道"。一个词，两种理解。妻子觉得丈夫敷衍，丈夫觉得妻子较真。误会越积越深，最终变成"你根本不在乎我的感受"和"你总是小题大做"。丈夫口中的"随便"不是真的随便，而是拒绝沟通的开始。

34 爱人说“我没事”：是一切正常，还是冷战前兆 / 失望累积？

傍晚，李明回到家，发现他的妻子王芳坐在沙发上，脸色不太好。

李明赶紧走过去关切地问：“你脸色不太好，是不是哪里不舒服？”

王芳抬起头，勉强挤出一丝笑容，说道：“我没事，可能是今天有点累。”

李明还是不放心，关切地问道：“我们去医院看看吧？”

王芳连忙摆手，说：“真的没事，休息一下就好了。”

李明叹了口气，在王芳身边坐下，握住她的手，说：“你这样我心里更难受了。”

王芳抬起头，微笑着对李明说：“我真没事，放心吧！”

李明看着王芳，无奈又心疼……

如何把握爱人话语的含义

当爱人说“我没事”的时候，应该把握以下重要信息：

情绪状态： 首先要观察爱人的表情和语气，判断爱人是真的没事，还是在掩饰自己的情绪。

潜在问题： 当爱人说“我没事”的时候，可能是爱人遇到了一些问题，比如工作压力、情绪困扰或其他不愉快的经历等。可能爱人只是暂时不想倾诉，需要时间和空间来调整自己的情绪。

提供支持： 理解爱人需要的可能不仅仅是言语上的关心，更是实际意义上的支持或陪伴。比如，此时爱人可能想要安静地休息一会儿，或者希望你在身边默默地陪伴。

沟通意愿： 尊重爱人的沟通意愿，如果爱人不想谈论当前的问题，可以尊重爱人的想法，但要表达自己对爱人的关心，并让她知道随时可以找你倾诉。

爱人可能的言外之意

当爱人在某些情境下说“我没事”时，可能包含以下言外之意：

① “我真的没事，希望你别担心。”

爱人可能真的没事，不想让你担心，所以不用过度焦虑。

② “我有点不开心，但不想让你知道。”

爱人可能因为某些事情有些不开心或情绪有些低落，但不想让你担心，所以选择用“我没事”掩盖自己的真实想法。

③ “我不想让你为我担心，所以选择隐瞒。”

爱人可能遇到了一些难以启齿的困境，他 / 她选择独自一人默默承受，只为给你一个无忧无虑的生活环境。

④ “我可能在生闷气，但不想直接说。”

爱人可能在生闷气或对你有些不满，但不想直接表达出来。

得体的应对策略

表达关心

表达你对爱人的关心和担忧。例如，“你看起来有点不舒服，如果有什么需要可以随时告诉我”。这既能体现你的关心，又给爱人留下了充足的空间。

尊重爱人的感受

尊重爱人的感受，不强迫她立即说出遇到的问题和心中的想法。例如，“我知道你现在不想说，但你什么时候想要倾诉，我随时都在”。这能让她感受到你的理解和关心。

保持陪伴

即使爱人不想说话，也可以通过陪伴来表达你对爱人的关心和支持。例如，“我在这里陪着你，有什么事随时可以和我说”。这种默默的陪伴往往能给心灵带来极大的慰藉，让对方感受到温暖与安全感，从而化解心中的孤独与不安。

如果故事中的李明只理解妻子王芳说“我没事”的表面意思，而没有察觉到妻子的情绪和潜在问题，可能会误以为妻子真的只是身体上的疲惫，而没有意识到她可能是在掩饰自己的真实感受或情绪，从而忽视了妻子可能需要情感上的关怀和支持。其次，李明的持续追问可能会让妻子感到自己正在被逼迫，从而导致她更加不愿意表达自己的真实想法，甚至可能引发夫妻之间的矛盾和误解。此外，如果王芳的情绪问题没有得到及时关注和解决，可能问题会逐渐积累，影响夫妻关系的和谐。

35 爱人说“你最近挺忙啊”：是关注你的时间安排，还是对家庭分工不满？

在一个安静的夜晚，刘洋坐在书桌前处理工作。妻子陈静站在门口，轻声说道：“你最近挺忙啊。”语气里带着一丝疲惫和委屈。

刘洋头也不抬，随口应了一声：“是啊，最近项目赶进度，加班是常态。”

陈静走进书房，沉默了一会儿，又说：“你已经很久没陪我了。上次一起看电影还是半年前的事。”

刘洋停下手中的工作，有些无奈地说：“等忙完这阵，我一定好好补偿你。”

陈静叹了口气，语气里带着一丝不满，说道：“可你什么时候才不忙呢？”

刘洋沉默了，两人都没有再说话……

如何把握爱人话语的含义

当爱人说“你最近挺忙啊”的时候，应该把握以下重要信息：

沟通信号：爱人的这句话，可能是她试图开启关于夫妻关系的对话的信号。此时，爱人希望你能主动倾听她的感受，并一起探讨如何更好地平衡工作和家庭生活。

情感需求：这句话可能是爱人在暗示你忽略了她的感受，爱人希望你能意识到她的情感需求，给予她更多的陪伴和关注，并采取行动来改善现状。

关系的疏远：爱人这样说，可能表明她觉得夫妻关系因为你的忙碌而变得疏远。她希望你能重视这种变化，并采取措施来维护和增进你们之间的感情。

爱人可能的言外之意

当爱人在某些情境下说“你最近挺忙啊”时，可能包含以下言外之意：

① “注意到你最近工作压力很大，想表达我的关心。”

爱人可能注意到你最近工作很忙，压力较大，想关心你的状况和感受。

② “我希望你能平衡工作和生活。”

爱人可能担心你由于工作太忙无法兼顾家庭，希望你能及时调整状态，不要将全部精力投入在工作上。

得体的应对策略

表达爱意和承诺

表达你对爱人的爱意和对家庭的承诺，让她感受到你的诚意。例如，“亲爱的，我很珍惜我们的关系。我会努力调整，确保有更多时间陪你和孩子”。

承认问题并道歉

承认自己的忙碌确实影响了你和爱人的关系，并真诚地表达歉意。例如，“你说得对，我最近确实太忙了，没有足够的时间陪你，我真的感到很抱歉”。

讨论解决方案

与爱人一起讨论如何平衡工作和家庭生活，找到具体的解决方案并制订切实可行的计划。例如，“我们可以一起商量一下，比如每周安排一个固定的‘夫妻时间’，或者我尽量调整工作时间，减少加班”。

如果故事中的刘洋只理解妻子陈静说“你最近挺忙啊”的表面意思，而没有察觉到妻子语气中的疲惫和委屈，可能会误以为妻子只是在陈述他很忙碌这个事实，却没有意识到她内心渴望丈夫的陪伴和关注。这可能导致他继续忽视妻子的情感需求，加剧妻子内心的不满。其次，妻子提到“上次一起看电影还是半年前的事”，这暗示她对夫妻关系的疏远感到担忧，如果刘洋没有意识到妻子语言背后的担忧，可能会让妻子觉得她自己的感受被忽视，进而影响夫妻关系的和谐。

36 吵架时爱人说“你说得都对”：是结束争论，还是倍感无力？

周末的下午，赵强和王丽因为家务分配的问题吵了起来。

赵强气愤地说：“我工作那么累，你一点儿都不体谅我！”

王丽反驳道：“我也有工作，凭什么家务活儿都推给我？”

争吵升级，两人吵红了眼……

赵强突然停了下来，不耐烦地说：“行了，你说得都对！”

王丽愣了一下，眼泪在眼眶里打转，委屈地说：“你的意思是我错了？”

赵强沉默了一会儿，低声说：“我只是不想继续吵下去了。”

王丽语气更加委屈地说：“你总是这样，遇到问题就逃避，可我们之间的问题根本没有解决！”

赵强无奈地低下头，房间里只剩下两人沉重的呼吸声……

如何把握爱人话语的含义

吵架过程中，当爱人说“你说得都对”的时候，应该把握以下重要信息：

沟通的中断：这句话可能是对方逃避争吵的一种方式，而不是真正想要解决问题。如果对方只是很敷衍地说“你说得都对”，这并非真心认同你的观点，而是为了避免冲突采取的权宜之计。

爱人心中的委屈：爱人可能心中充满委屈，只是没有机会表达出来。爱人也觉得自己被误解，故而通过这种消极的方式来表达自己的无奈。

悬而未决的问题：即使对方说“你说得都对”，即使争吵戛然而止，可问题并没有得到真正的解决。夫妻俩需要进一步沟通，确保双方都能平等地表达自己的感受和需求，并找到解决问题的方法。

爱人可能的言外之意

当爱人在吵架时说“你说得都对”，可能包含以下言外之意：

①“我累了，不想再争吵了。”

爱人此刻可能感到十分疲惫，不想再继续争吵，希望彼此冷静一下，所以选择用“你说得都对”来结束争执。

②“我生气了，拒绝和你沟通。”

爱人可能因为情绪不佳或生气而不想跟你继续沟通，选择用“你说得都对”来表达自己的不满。

③“我在用这种方式表达自己的无奈。”

爱人可能对婚姻中的争执感到无奈，觉得自己的观点没有被理解，选择用这种方式表达情绪。

得体的应对策略

表达自己的感受

让爱人知道你不是在跟他争执对错，而是希望解决问题。例如，“我不是要证明谁对谁错，只是希望我们能一起找到解决问题的办法”。

主动沟通

主动跟爱人表达想要进一步沟通的意愿，而不是让问题悬在半空。例如，“我知道你不想继续争吵，但我希望我们能坐下来，好好谈谈这个问题”。

倾听爱人的想法

倾听爱人的想法和感受，给予爱人表达真实想法的机会。例如，“你有什么想跟我说的？”

合作解决问题

寻找双方的共同点，强调合作解决问题的重要性。例如，“我们都希望这个问题能解决，我们可以一起努力，找到一个好的办法”。

如果故事中的王丽只理解爱人说“你说得都对”的表面意思，而没有理解他的真实意图，可能会误以为赵强是被迫妥协，从而觉得委屈，认为自己被误解为“总是做错的一方”，这会加剧她的不满情绪。其次，王丽可能会觉得爱人在用这种方式逃避问题，没有真正想解决问题的意愿，从而进一步加剧双方的矛盾。这种误解可能会导致争吵升级，甚至影响夫妻之间的信任和感情。

37 爱人说“你一点儿也不关心我的感受”：如何补救显得有诚意？

张伟坐在沙发上，低头看着手机，而李芳坐在对面，脸上带着一丝委屈。

李芳轻声开口说：“你一点儿也不关心我的感受。”

张伟抬起头，有些困惑地问：“我怎么不关心你了？”

李芳叹了口气，说：“我想和你说说话，你却一直在看手机。”

张伟放下手机，有些无奈地说：“我只是在处理一些紧急工作，不是故意忽略你的。”

李芳无奈地摇摇头说：“你总是拿工作当借口，却从没真正站在我的角度上想过。”

张伟叹了口气，欲言又止，两人之间的空气似乎凝固了……

如何把握爱人话语的含义

当爱人说“你一点儿也不关心我的感受”的时候，应该把握以下重要信息：

渴望被关注和理解：这句话可能反映了爱人希望你更多地关注她的感受和需求，而不仅仅是专注于工作或其他与家庭无关的事务。她可能希望你能够更多地站在她的角度思考问题。

沟通的需求：这可能是爱人试图开启一次关于情感需求的对话，希望你能倾听她的感受，理解她的想法，并一起寻找解决问题的方法。

关系中的疏离感：爱人可能觉得你们之间的关系因为你的忽视而变得疏远，希望你能意识到这种变化，并采取措施来改善关系。

爱人可能的言外之意

当爱人在吵架或情绪低落时，说“你一点儿也不关心我的感受”，可能包含以下言外之意：

①“我希望你能多关注我的感受。”

爱人可能觉得你在某些情况下没有充分关注她的感受，希望你能和她多进行有效沟通。

②“我在表达自己的失望和挫败感。”

爱人可能因为某些事情感到失望或挫败，希望你能关心她的感受，给予她充分的理解和支持。

③“我希望你能多花时间陪陪我。”

爱人可能觉得你最近工作太忙或没有花足够的时间陪伴她，因而感觉自己被忽略，希望你能多抽出时间陪伴她。

得体的应对策略

停下手中的事情，认真倾听

首先，停下手中的事情，认真地看着爱人的眼睛，表示你在认真倾听她的话并给予积极的回应。例如，“亲爱的，我很想听听你的真实想法”。

承认问题并道歉

承认自己的行为可能让她感到被忽视，并真诚地表达歉意。例如，“你说得对，我最近确实有些忽视你，我真的感到抱歉”。

提供具体承诺

提出具体的承诺和行动，表明你愿意改变。例如，“我会尽量减少看手机的时间，每天安排一段时间专门陪你，聊聊我们的工作和生活”。

倾听爱人的需求，保持耐心和理解

倾听爱人的需求，让爱人体会到你在乎她的感受。例如，“我怎么做才能让你感受到我对你的关心和重视？”同时，保持耐心和理解，不要因为爱人表达委屈而感到不耐烦。理解她可能因为长时间的积累而感到不满，需要时间和空间来表达自己的感受。

如果故事中的张伟只理解爱人李芳说“你一点儿也不关心我的感受”的表面意思，而没有深入体会她的委屈和渴望被关注的内心需求，可能会误以为爱人是在无端指责自己，从而感到困惑和委屈。这种误解可能会导致张伟忽视爱人的真实感受，进一步加剧她的不满。其次，张伟可能会为了急于解释自己并不是故意忽略她，而忽略了爱人的真实需求，进一步影响夫妻之间的感情。此外，这种表面的理解可能会让张伟在后续的互动中继续以工作忙为借口，忽视李芳的情感需求，从而导致夫妻关系的疏远和矛盾的积累。

38 妻子说“我一个人太累了”：如何用“我们”替代“你”和“我”？

李明和小丽坐在沙发上，气氛凝重而紧张。

李明抱怨说：“每次我加班，你都唠叨个不停。”

小丽反驳道：“家里的事你从不过问，我一个人太累了。”

李明皱着眉头说：“我工作也是为了这个家，为了你和孩子。”

小丽眼眶泛红，委屈地说：“你从来不关心我的感受，只想着你自己。”

李明深吸一口气，尝试用舒缓的语气说：“你……”

小丽不耐烦地打断他，说：“这个家里只应该有‘我们’，而不是‘你’和‘我’。”

李明无奈摇头，房间里只剩下沉默……

如何把握妻子话语的含义

当妻子说“我一个人太累了”的时候，应该把握以下重要信息：

情感上的疲惫： 这句话可能不仅仅是妻子在抱怨家务分配不均，更可能是在表达情感上的孤独和疲惫。她可能在寻求丈夫的理解和陪伴，希望丈夫能关注她的内心感受，给予她情感上的慰藉和实际的帮助。

家庭责任的分配： 这句话可能反映了家庭责任分配不均的问题。妻子可能觉得她在家庭中承担了过多的家务和照顾孩子的责任，而丈夫的参与度不够。

需要共同解决问题： 妻子可能希望通过表达自己的感受和不满，引起丈夫的重视。此时，妻子可能希望丈夫停下手头工作，和她共同探讨如何改善家庭生活，减轻她的负担。

对未来的担忧： 妻子可能对家庭的未来感到担忧，担心这种不平衡的状态会持续下去，影响家庭的和谐和夫妻关系的长期发展。

妻子可能的言外之意

当妻子说“我一个人太累了”时，可能包含以下言外之意：

① “我希望你能多分担一些家务。”

妻子可能觉得她在家庭中承担了太多责任，希望你能主动分担一些家务。

② “我感到压力很大，需要你的支持。”

妻子独自面对某些事情，可能觉得压力很大，需要你的支持和理解。

③ “我希望你能理解我的压力。”

妻子可能希望你能理解她独自面对某些事情的压力，而不是一味地否定或忽视她的感受和付出。

得体的应对策略

承认问题并道歉

承认爱人的感受和情绪存在的合理性，并真诚地表达歉意。例如，“你说得对，我确实没有承担起照顾家庭的责任，我为此感到抱歉”。

提供具体承诺

提出具体的承诺和行动，明确你的改变意愿。例如，“我会尽量避免加班和应酬，争取每天安排时间分担家务，或者每个周末我们一起带孩子出去玩”。

保持耐心和理解

保持耐心和理解，不要因为爱人的委屈而感到不耐烦。理解爱人可能因为长时间的生活琐事而引起情绪波动，给予爱人足够的支持和空间，这样才能让夫妻关系更加稳固、和谐。

定期沟通

建议定期沟通，确保双方的感受都能被听到和理解。例如，“我们可以每周安排一个时间，专门聊聊彼此的感受和需求”。

采取行动

最重要的是，通过实际行动来证明你的改变。例如，主动承担一些家务，安排家庭活动，或者在爱人需要的时候给予情感上的支持。

如果故事中的李明只理解小丽说“我一个人太累了”的表面意思，而没有深入体会她背后的委屈和情感需求，可能会误以为小丽只是在抱怨家务分配不均，而没有意识到小丽其实是在倾诉长期承担家庭重担的疲惫与渴望得到理解和支持的内心需求。其次，李明可能会觉得小丽不理解自己的辛苦，从而对妻子的言行产生抵触情绪，进一步加剧双方的矛盾。此外，小丽的这句话可能反映了她对夫妻关系的疏离感，如果李明没有意识到这一点，可能会错过修复关系的机会，导致夫妻之间的隔阂加深。

39 妻子说“你跟你妈一样”：这句话里，藏着多少未被解决的代际矛盾投射？

妻子擦着湿漉漉的手从阳台过来，瞥见一片狼藉的台面，声音突然拔高，喊道：“你眼里一点儿活都没有吗？”

陈磊盯着手机，头也不抬，漫不经心地说道：“等会儿收拾。”

“等会儿等会儿，每次都这样！”妻子夺过他的手机，生气地说，“你跟你妈一样！”

空气瞬间凝固。陈磊腾地站起来，喉咙里滚出压抑的低吼：“别拿我妈说事！”

“我说错了吗？”妻子眼眶泛红，说道，“上次她来，你俩坐在沙发上看电视，我一个人忙里忙外……”

窗外传来儿子的嬉笑声，陈磊攥紧拳头又松开，妻子脱下围裙摔门而去……

如何把握妻子话语的含义

当妻子说“你跟你妈一样”的时候，应该把握以下重要信息：

情绪背后的真正意图：妻子的这句话可能并不是真的在攻击对方的母亲，而是通过这句话来表达她对当前家庭责任分配不均的不满。妻子只是希望爱人能够意识到他在家庭中的角色和责任，从而缓解她内心的压力和焦虑。

家庭责任分配问题：妻子可能觉得丈夫在家庭中没有承担足够的责任，尤其是照顾家庭的责任。

过去的类似经历：故事中的妻子提到“上次她来，你俩坐在沙发上看电视，我一个人忙里忙外”，这表明这种问题可能已经发生过不止一次，她希望丈夫能够从中吸取教训，避免类似情况的发生。

需要沟通和理解：妻子的这句话可能是一种情绪的宣泄，她希望丈夫能够理解自己的感受，并通过沟通找到解决问题的方法。

妻子可能的言外之意

当妻子说“你跟你妈一样”时，可能包含以下言外之意：

① **“你在某些行为或态度上让我想起了婆媳矛盾。”**

妻子可能觉得你在某些行为或态度上与你的母亲十分相似，让她想起之前和婆婆之间一些不愉快的经历。

② **“我对你某些和你母亲类似的行为感到不满。”**

妻子可能对你某些行为感到不满，而这些行为可能与你母亲的行为相似。

③ **“我希望你能理解我的感受，就像你理解你的母亲一样。”**

妻子可能认为你过分关注和体谅母亲的感受，而忽略了她的感受。

④ **“我在用这种方式表达对你原生家庭的不满。”**

妻子可能在发生争吵或情绪激动的前提下，用这种比较激进的方式表达自己的不满。

得体的应对策略

确认具体问题

确认妻子具体指的是什么问题，而不是直接对号入座。例如，“你说我跟我妈一样，是不是觉得我在家务上没有一起分担，让你感到很累？”

倾听妻子的感受

认真倾听妻子的感受，让她知道你在乎她的想法。例如，“我知道你已经很累了，我也能够体会你的委屈。你能具体说说，我做的哪些事情让你觉得我和我妈一样吗？”

避免争吵升级

避免争吵升级，不要用“你总是这样”或“你从不理解我”这样的话语回应。保持理性的态度，专注于解决问题，而不是发泄情绪。例如，“我知道你很生气，但我们现在需要冷静下来，一起找到解决问题的办法”。

定期沟通

建议定期进行沟通，确保夫妻双方的感受都能被理解。例如，“我们可以每周安排一个时间，专门聊聊彼此的感受和需求，这样可以避免问题积累”。

如果故事中的陈磊只理解妻子说“你跟你妈一样”的表面意思，没有深入理解妻子的真正意图和情绪，可能会引发严重的误会和麻烦。首先，陈磊可能会误以为妻子是在无端攻击自己的母亲，从而感到愤怒和被冒犯，这种情绪反应会加剧双方的冲突。其次，陈磊可能会因为急于为自己和母亲辩白，而忽视妻子的真实感受和她试图表达的对家庭责任分配不均的不满，从而错过解决问题的机会。此外，这种表面的理解可能会让陈磊在情绪激动的情况下做出过激的反应，如争吵升级甚至冷战，从而破坏夫妻关系的和谐。实际上，妻子的这句话可能是出于对当前家庭状况的无奈和对丈夫能够分担家务的强烈期望，她可能希望陈磊能意识到自己的问题，并主动改变，而不是简单地将责任推给丈夫的母亲。

40 妻子问“你是不是忘记了今天是什么日子？”：是考验你的记忆力，还是渴望被关注？

结婚纪念日这天，家里格外安静。小张回到家，发现妻子坐在沙发上，脸上带着一丝不悦。他心里一沉，知道大事不妙——竟然忘记了两人的结婚纪念日。

小张小心翼翼地走过去，轻声对妻子说：“老婆，我……我今天太忙了……”

妻子抬起头，满脸委屈地说：“我们的结婚纪念日，就这么不重要吗？”

小张连忙解释道：“我真的没忘，只是今天临时有个紧急会议，抽不开身，明天一定补上。”

妻子叹了口气，伤心地说：“你每次都这样，总是想着事后补救。”

小张沉默了，房间里只剩下时钟的滴答声，问题悬在空中，无从解决……

如何把握妻子话语的含义

当妻子问“你是不是忘记了今天是什么日子”的时候，应该把握以下重要信息：

对特殊日子的重视：结婚纪念日是一个重要的日子，象征着夫妻之间的承诺和共同走过的时光。妻子可能希望丈夫能在这个特别的日子里表现出对她自己和婚姻更多的关注和重视，而不是像平常一样对待。

期望爱人的行动：妻子可能希望丈夫能通过实际行动来表达对这个日子的重视，比如提前准备礼物、安排特别的活动等，或者至少在回家后表现出对这个日子和妻子的关心。

沟通的信号：这句话可能是一个信号，表明妻子希望丈夫能主动开启关于这个特殊日子的对话，分享彼此的感受和回忆，增强夫妻之间的感情联系。

避免事后补救：妻子可能对丈夫“事后补救”的行为感到不满，希望丈夫能重视当下的重要时刻，而不是总是用“明天补上”来敷衍自己。

妻子可能的言外之意

当妻子问“你是不是忘记了今天是什么日子”时，可能包含以下言外之意：

①“我希望你能记住一些重要的日子。”

妻子可能希望你能记住一些重要的日子，比如结婚纪念日、她的生日等，这些日子对她来说很重要。

②“希望你能关注我。”

妻子可能觉得你在某些方面忽视了她，希望你能通过关注这些重要的日子来表达你对她的关心。

③“我希望你能重视我们的关系。”

妻子可能希望你能通过记住这些重要的日子来表达你对家庭和夫妻关系的重视。

④ “我在表达失望或挫败感。”

妻子可能因为你对她的忽视而感到失望和挫败，希望你能通过记住这些重要的日子来表达你对她的关心。

得体的应对策略

立即表达歉意: 首先，丈夫应立即表达歉意，真诚地承认自己的疏忽。例如，“亲爱的，我真是太粗心了，竟然忘记了今天这个特别的日子。我真的很抱歉”。

认可妻子的感受: 对妻子出现的负面情绪表示认可和理解，让妻子感受到自己被丈夫关心和爱护。例如，“这个日子对我来说也很重要，你现在一定很失望，我真的感到十分抱歉”。

解释情况: 简要解释自己忘记纪念日的原因，但解释要真诚，不能听起来像是在为自己找借口。例如，“我今天确实太忙了，临时有个紧急会议，完全忘记了时间。我应该提前做好规划”。

承诺未来会做得更好: 承诺未来会更加注意这些有特殊意义的日子，避免类似的情况发生。例如，“我会把这些重要的日子都记在备忘录里，保证每次都提前做好准备，不会再让你失望了”。

如果故事中的小张只理解妻子问“你是不是忘记了今天是什么日子”的表面意思，而没有察觉到她的情绪和真正的需求，可能会误以为妻子只是在询问一个事实，而没有意识到妻子是感到自己被忽视和不被重视，这会让小张错过安慰妻子和表达爱意的机会。其次，小张可能会因为急于解释而显得敷衍，让妻子觉得他并不是真正关心这个特殊的日子，从而加剧妻子的伤心和失望。此外，小张继续采取事后补救的方式，会让妻子觉得他总是忽视当下的重要时刻，只注重弥补过去的疏忽，进一步加深两人之间的隔阂。

二

与父母相处的潜台词

41 父母问“最近忙不忙”：是关心你的日常安排，还是含蓄表达思念？

周六晚上的餐桌上，爸爸抬起头，看着小林，关切地问：“最近忙不忙？工作上有没有什么困难？”

小林叹了口气，说道：“确实挺忙的，项目进度紧张，每天加班到很晚。”

妈妈接过话，说：“忙是好事，但也要注意身体。”

小林点点头，又有些无奈地说：“其实我也想多陪陪你们，但没办法，工作压力太大了。”

爸爸沉默了一会儿，语气有些沉重：“忙归忙，也要经常回家看看。”

小林低下头，没有说话，心里五味杂陈……

如何把握父母话语的含义

当父母问“最近忙不忙”的时候，应该把握以下重要信息：

父母的关心： 父母的提问首先是出于对儿女的关心，他们想知道儿女的工作和生活状况是否良好，是否遇到了困难。这体现了他们对儿女的牵挂和爱护。

对子女的担忧： 父母可能感受到子女的工作压力比较大，希望了解具体的情况，以便给予支持或建议。当然，父母的提问中也隐含着对儿女健康状况和心理状态的担忧。

希望子女经常回家： 父母可能希望子女能够多抽点时间回家陪伴他们，享受家庭的温暖。他们可能感到孤独或被忽视，希望子女能平衡工作和家庭生活。

健康状况和生活状态的提醒： 父母可能希望子女注意工作与生活的平衡，不要过度劳累，保持健康的生活方式。他们的提问也可能是一种提醒，希望你关注自己的身体健康和心理健康。

父母可能的言外之意

当父母问“最近忙不忙”时，可能包含以下言外之意：

① **“我们想关心你的工作和生活状态。”**

父母可能是想了解一下你最近的工作和生活状态，表达他们的关心。

② **“我们希望你不要过于劳累。”**

父母可能担心你工作太忙，影响健康，希望你注意休息。

③ **“我们希望你能平衡好工作和生活的关系。”**

父母可能希望你在工作和生活之间找到平衡点，不要过于偏向工作。

④ **“我们希望你有时间多回家看看。”**

父母可能希望你能抽出时间多回家看看，陪陪他们。

得体的应对策略

分享工作情况

与父母简单分享自己的工作情况，让他们了解你的工作状态。例如，“爸妈，我最近项目进度比较紧张，每天加班到很晚，不过项目进展顺利，我也学到了很多东西。”

表达对家的思念，许下多回家的承诺

表达你对家的思念和对父母的关心，让他们知道你心里一直装着他们。例如，“我也很想多回家陪陪你们，最近确实太忙了，等这阵子忙完，我一定多抽时间回家”。

定期沟通

建议定期与父母沟通，让他们知道你的生活状态和工作情况。例如，“我会每周给你们打个电话，或者这个周末带孩子一起回家吃饭”。

如果故事中的小林只理解父母问“最近忙不忙”的表面意思，而没有察觉父母询问背后的关心和期望，可能会误以为父母只是在询问自己的工作情况，而没有意识到父母的真正意图是希望自己能多回家看看。这可能导致他继续专注于工作，忽视了与父母的互动，从而让父母感到被儿女忽视。其次，小林可能会因为过于关注工作压力，而没有理解父母对他的健康和生活的关心，从而错过与父母深入交流的机会。

42 父母说“别人家孩子都结婚了/买房了/升职了……”：是陈述社会现象，还是焦虑投射？

饭桌上，母亲夹着红烧鱼的筷子悬在半空，说道：“对门王阿姨家儿子上个月升职当经理了，年纪和你差不多大。”

父亲往碗里添了勺汤，说道：“楼下张叔家闺女年底办婚礼，让我们去喝喜酒。”

“前几天碰见李明的妈妈，说他们家新买了房子……”母亲的话还没说完，父亲又开了口：“也不是非要拿你和别人比……”

父亲的话音未落，小周的手机在桌上震动，工作群里弹出新的消息……

如何把握父母话语的含义

当父母说“别人家孩子都结婚了 / 买房了 / 升职了……”的时候，应该把握以下重要信息：

父母的关心和期望：当父母频繁提及别人家孩子的情况时，通常是出于对子女的关心和期望。他们希望子女能过上更好的生活，取得更大的成就。这种关心虽有时显得唠叨，却饱含深情。

社会和家庭的压力：父母可能感受到来自社会和家庭的压力，希望子女能达到更高的成就，这种期望往往无形中增加了子女的心理负担，导致其在学业和生活中倍感焦虑。

父母的真实感受：父母可能通过这种方式表达他们的担忧和期望。他们希望你能理解他们的感受，并知道这背后是对子女的爱和支持，而不是单纯比较。

父母可能的言外之意

当父母说“别人家孩子都结婚了 / 买房了 / 升职了……”时，可能包含以下言外之意：

1. **“我们希望你也能取得类似的成就。”**

父母可能希望你在某个方面也能取得成就或进展，比如结婚、买房、升职等。

2. **“我们不想你落后于人。”**

父母可能担心你在某些方面落后于同龄人，希望你能加快进度。

3. **“我们希望你能更加努力地提升自己。”**

父母可能对你的现状表示担忧，希望你能更加努力，提升自己在某个方面的能力或成就。

4. **“我们希望你能多和我们沟通你对自己的规划。”**

父母可能希望你能多和他们沟通你的计划和想法，让他们对你的人生规划有大体的了解。

得体的应对策略

表达理解

表达你对父母的理解，让他们知道你明白他们的出发点是为你好。例如，“我知道你们希望我过得好，我很感激有你们的陪伴和关心”。

分享自己的感受

分享自己的真实感受，让父母了解你的想法和压力。例如，“我也知道你们希望我结婚/买房/升职，但我现在还没有准备好，我也有自己的计划和目标”。

强调个人差异

温和地和父母强调每个人的情况不同，不能简单地拿自己和别人进行比较。例如，“每个人的生活节奏和目标都不一样，我也有自己的追求和成长之路”。

寻求支持

如果父母的期望给你带来了压力，可以寻求他们的支持和理解。例如，“我希望你们能够理解我的选择，给我一些时间和空间，我一直在努力。”

如果故事中的小周只理解父母说“别人家孩子都结婚了/买房了/升职了……”的表面意思，没有察觉父母话语背后的真正意图，可能会误以为父母是在无端地拿自己和别人做比较，从而感到被指责和不被理解。其次，小周可能会因为急于反驳而忽视父母的真实感受，导致亲子沟通不畅，甚至引发争吵。此外，小周可能会因为这种表面的理解感到焦虑和不安，进而影响自己的情绪和心理健康。实际上，父母说这些话可能是出于对子女的关心和期望，希望子女能有更好的发展。

43 父母问“钱够不够用”：是担心你的经济状况，还是试探你的生存能力？

林墨蜷在出租屋的电脑前赶方案，手机突然震动，是母亲的来电。

母亲关心地问道：“小墨，降温了，记得添衣服。”

林墨应了声“知道”，继续敲击着键盘。

短暂沉默后，母亲又开口说道：“最近钱够不够用？别总吃泡面……”

“够用，你们别操心。”林墨盯着屏幕上密密麻麻的表格，敷衍地回答。

电话那头传来父亲的声音：“你妈偷偷给你转了点钱，别嫌少。”

林墨刚要拒绝，母亲急忙插话说：“给自己买件厚外套，别着凉。”

林墨心头一紧，最终只说了句“先挂了”。钱到账的短信跳了出来，金额虽然不多，却烫得林墨指尖发颤……

如何把握父母话语的含义

当父母问“钱够不够用”的时候，应该把握以下重要信息：

父母的关心和担忧：父母的提问首先是出于对子女的关心，他们担心子女的经济状况是否稳定，生活是否有困难。这体现了父母对子女的牵挂和爱护。

对生活细节的关注：父母可能想通过这个问题了解子女的生活细节，比如是否吃得健康、是否注意保暖等。他们希望子女能够生活得舒适，不要因为过于节省而影响健康。

希望子女衣食无忧：父母希望子女生活无忧，不因为经济问题而产生压力。他们可能担心子女为了省钱而委屈自己。

父母的隐忧：父母可能想通过这个问题表达他们的隐忧，比如担心子女是否能独立生活，是否能应对突发的经济问题等。他们希望子女能有稳定的经济来源和应对突发状况的能力。

父母可能的言外之意

当父母问“钱够不够用”时，可能包含以下言外之意：

① “我们十分关心你的经济状况，希望你不要有经济压力。”

父母可能是想了解你的经济状况，如果子女的经济出现问题，他们愿意给予无私的帮助和支持。

② “我们是你坚实的后盾。”

父母可能希望你在经济出现问题时，不要过分焦虑，而是及时跟他们沟通，父母会做你坚实的后盾。

③ “我们希望你合理规划自己的财务，不要过度消费。”

父母可能希望你能够合理规划财务，避免不必要的开支。

④“我们希望你不要因为经济问题而影响对未来的规划。”

父母可能担心你因为经济问题而影响对未来的规划，希望你对自己的生活和事业有长远的打算，并有合理安排开支的能力。

得体的应对策略

如实回答

如实回答父母的问题，不要敷衍。例如，“爸妈，我的钱够用，最近工作稳定，收入也能满足日常开销”。

分享生活状态

主动跟父母分享自己的生活状况，让父母了解你的具体情况。例如，“我最近工作很顺利，生活也很规律，你们不用担心”。

表达对父母的关心

同时表达自己对父母的关心，让父母知道你也在乎他们的生活和感受。例如，“你们也要注意身体，不要总是为我操心”。

接受父母的帮助（如果需要）

如果父母主动提出对你提供经济帮助，不要拒绝，而是表达感谢。例如，“谢谢爸妈，我知道你们的心意，我会把钱用在需要的地方”。

如果故事中的林墨只理解父母问“钱够不够用”的表面意思，而没有察觉这句话背后父母的关心和担忧，可能会误以为父母只是在例行公事地询问，而没有意识到父母对他的经济状况和生活细节的关心。这可能导致他敷衍地回答，错过与父母深入沟通的机会。其次，林墨可能会因为急于继续工作而显得不耐烦，让父母感到被忽视，进而影响亲子关系的和谐。林墨需要理解父母的关心，主动与父母沟通自己的生活状况，同时也要珍惜父母的爱和支持，避免因误解而产生亲子矛盾。

44 父母说“我们这是为你好”：是爱和关怀的建议，还是过度保护？

除夕夜的饭桌上热气腾腾，母亲放下筷子，目光灼灼地盯着小军说：“隔壁王叔家儿子都订婚了，你也老大不小了，别总挑三拣四，赶紧找个人安定下来。”

小军夹菜的手顿住了，他强压下烦躁，说道：“妈，我现在事业刚起步，还不想考虑这些。”父亲重重地放下酒杯，有点激动地说：“我们这都是为你好。”

窗外烟花炸响，照亮母亲眼角的皱纹和父亲板起的脸。

小军喉头发紧，咽下口中的饭菜，苦涩地说道：“我有自己的规划……”

如何把握父母话语的含义

当父母说“我们这是为你好”的时候，应该把握以下重要信息：

父母的关心和期望：父母的这句话通常是出于对子女的关心和期望。他们希望子女能有稳定的生活和幸福的未来，这是他们作为父母的本能和责任。

对未来的担忧：父母可能担心子女在某些方面（如婚姻、事业等）没有实质性的进展，希望子女能尽快做出决定，避免未来的遗憾。他们可能希望子女能有一个明确的规划和目标。

希望你幸福：父母的出发点是希望自己的子女能够幸福，无论是婚姻、事业还是生活。他们通过这种方式来表达对子女的关爱，希望子女能理解他们的良苦用心。

父母的真实感受：父母可能通过这种方式来表达他们的担忧和期望。他们希望子女能理解他们的良苦用心，尽管言辞可能略显严厉，但背后是父母对孩子深沉的爱与希冀。

父母可能的言外之意

当父母说“我们这是为你好”时，可能包含以下言外之意：

① “希望你能理解我们的良苦用心。”

父母可能希望你能理解他们的决定或建议是出于对你的关心和爱护。

② “希望你能接受我们的建议或决定。”

父母希望你能接受和理解他们的建议或决定，即使你可能有不同的想法。

③ “我们希望你能避免一些麻烦或风险。”

父母可能认为他们的建议或决定能帮助你避免一些麻烦或风险，希望你理解并接受。

得体的应对策略

倾听父母的想法

认真倾听父母的想法和感受，理解他们的出发点。例如，“你们希望我早点安定下来，是不是担心我一个人在外面太辛苦？”

分享自己的感受和规划

分享你的真实感受和对未来的规划，让父母明白你的目标和努力的方向，增进彼此的理解和信任。例如，“我理解你们的担心，但我现在确实想先把事业稳定下来，等有了更成熟的条件再考虑婚姻”。

强调独立和自主

强调自己已经长大成人，有自己的判断和选择，有能力独自面对生活的风浪。例如，“我已经长大了，有自己的想法和规划，希望你们能理解和支持我”。

寻求理解和支持

希望父母理解自己的选择，同时表达你需要他们的支持和理解。例如，“我希望你们能理解我的选择，我会努力证明给你们看”。

如果故事中的小军只理解父母说“我们这是为你好”的表面意思，而没有深入体察他们的关心和期望，可能会误以为父母只是在干涉他的个人选择，从而感到被束缚和不被理解，进而产生抵触情绪。其次，小军可能会因为急于表现自己的独立性，而忽略了父母的唠叨是出于对子女的关心和对子女未来幸福的期望，这可能导致亲子双方的沟通陷入僵局，甚至引发争吵。此外，小军可能会因为没有理解父母的真正意图，而错失与父母深入交流的机会，进一步加剧彼此之间的误解和隔阂。

45 父母说“你小时候可听话了”：是怀念过去的你，还是对现状不满？

客厅灯光昏黄，小林半躺在沙发上看着手机，父亲戴着老花镜，反复调整着电视遥控器的音量。

突然，“啪”的一声，父亲把遥控器拍在茶几上，说道：“现在问你什么都不耐烦，你小时候可听话了，我说往东你绝不敢往西。”

小林的手指顿了顿，没抬头，说：“爸，那都是小时候的事了。”

母亲从厨房探出头，围裙上沾着面粉，满是怀念地说道：“是啊，以前带你去公园，你总是攥着我的衣角，生怕走丢了。哪像现在，叫你回家陪我们吃顿饭都难……”

沉默像团棉花堵住了小林的喉咙。父亲的叹息混着电视里的嘈杂声，在房间里回荡……

如何把握父母话语的含义

当父母说“你小时候可听话了”的时候，应该把握以下重要信息：

父母的怀旧和感慨：父母提到子女小时候的事情，通常是出于怀旧和感慨。他们可能在回忆过去的美好时光，同时也可能在表达对当前亲子关系变化的感慨。

对当前关系的诉求：父母可能通过这种方式表达对当前亲子关系的不满，希望子女能够理解他们的担忧和付出，同时也渴望子女能敞开心扉，表达内心的真实感受。这种期望背后，是父母对子女的深层关爱和对改善亲子关系的迫切希望。

情感需求：父母可能希望子女能理解他们的情感需求，多花时间陪伴他们。他们可能感到孤独或被忽视，希望你能更多地关注他们的感受。

对过去的美好回忆：父母提到子女小时候的事情，可能是因为他们对那些美好回忆有着深深的眷恋。他们希望你能理解这些回忆对他们的重要性，并一起回忆这些温暖的时刻。

父母可能的言外之意

当父母说“你小时候可听话了”时，可能包含以下言外之意：

① “我们怀念你小时候的乖巧和懂事。”

父母可能在怀念你小时候的乖巧和懂事，觉得那时候的你更让父母省心。

② “我们希望你能像小时候一样依赖我们。”

父母可能希望你能像小时候一样依赖他们，跟他们无话不谈，充分沟通。

③ “我们觉得你现在有些让人操心。”

父母可能觉得你现在在某些方面让人操心，希望你能更加成熟和稳重。

④ “我们希望你能理解我们的感受。”

父母可能希望你能理解他们的感受，不要让他们过于担心。

得体的应对策略

解释成长和变化

解释成长带来的变化，让父母理解你现在的独立性。例如，“我已经长大了，有了自己的生活和责任，但我会努力平衡工作和家庭，也会把你们时刻记在心里”。

承诺多陪伴

承诺会多花时间陪伴父母，让他们不要焦虑。例如，“我会尽量多抽时间回家陪你们，我们也可以一起计划一些活动，比如周末一起去公园散步”。

倾听父母的需求

倾听父母的需求和期望，让他们有机会表达自己的真实感受。例如，“我知道你们希望我多回家，以后我会尽量做到这一点的”。

共同回忆美好时光

和父母一起回忆过去的美好时光，增强彼此的情感联系。例如，“我们一起翻翻老照片，回忆一下那些美好的日子吧。”

如果故事中的小林只理解父母说“你小时候可听话了”的表面意思，而没有察觉背后的感慨和期望，可能会误以为父母只是在回忆过去，而没有意识到父母可能在表达对当前亲子关系的遗憾和失望。这可能导致小林忽视父母的情感需求，继续沉浸在自己的世界中，从而让父母觉得被忽视。其次，小林可能会因为觉得父母在对比过去和现在的自己，感到不被理解和认可，进而产生抵触情绪，从而加剧了双方的沟通障碍。此外，如果小林没有理解父母的真正意图，可能会错过与父母增进理解和沟通感情的机会，最终影响家庭关系的和谐。

46 父母抱怨“我们老了，不中用了”：是感叹年龄的增长，还是情感索取？

夏日的午后，窗外蝉鸣聒噪。小成窝在沙发里刷着手机，厨房里传来叮叮当当的声响，母亲正费力地清洗着厚重的汤锅。

母亲佝偻着背，额角沁出细密的汗珠，抱怨道：“我们老了，不中用了，洗个锅都费劲。”

小成抬头看了母亲一眼，随口应道：“妈，我等会儿洗。”可手指依旧在手机上滑动着。

父亲坐在一旁看报纸，叹了口气，说道：“是啊，老骨头不顶用了，想帮你们做点事都力不从心。”

房间里安静下来，小成张了张嘴，却不知道该说些什么……

如何把握父母话语的含义

当父母抱怨“我们老了，不中用了”时，应该把握以下重要信息：

父母的真实意图： 父母的这句话通常是出于对自己衰老的无奈和感慨。他们可能意识到自己的身体不再像以前那样强壮，做事情不如从前轻松，内心感到有些失落。

渴望子女的关心和帮助： 父母可能希望子女能够主动了解他们的身体状况，并及时提供帮助，减轻他们的负担。他们可能希望子女能够更多地参与家庭事务，让他们感受到来自子女的温暖和支持。

对未来的担忧： 父母可能通过这种方式表达对未来的担忧，担心日后自己会成为孩子的负担，希望子女能理解他们的感受，并主动承担起应尽的责任。

希望增强家庭联系： 父母可能希望子女能更多地陪伴他们，增强家庭的凝聚力。他们可能希望通过你的参与，让家庭氛围更加温馨和谐。

父母可能的言外之意

当父母抱怨“我们老了，不中用了”时，可能包含以下言外之意：

① “我们感到有些事情做起来力不从心。”

父母可能意识到自己的身体或能力不如从前，很多事情都做不动了，希望得到子女的理解和帮助。

② “希望你能多关心、多陪伴我们。”

父母可能希望你能更多地关心他们的身体和生活，给予他们充足的关注和陪伴。

③ “我们希望你能承担更多的家庭责任。”

父母可能希望你能承担更多的家庭责任，减轻他们的负担。

④ “我们希望你能理解我们的身体状况。”

父母可能希望你能了解他们的身体状况，不要对他们有过高的期待，必要时提供支持和帮助。

得体的应对策略

表达关心和理解：首先，表达你对父母的关心和理解，让他们感受到你对他们的爱和责任。例如，“爸妈，我知道你们最近身体有些不舒服，我带你们去医院检查一下吧”。同时，主动提出帮助父母做家务或其他事情，减轻他们的负担。例如，“妈，我来洗锅吧，你休息一下。以后这些重活儿都交给我”。

倾听父母的感受：认真倾听父母的感受，让他们有机会表达自己的担忧和无奈。例如，“爸，我知道你们有时候会感到力不从心，我在这里陪着你们，有什么需要尽管说”。

强调家庭的重要性：让父母感受到他们在家庭中的重要地位。例如，“爸妈，你们永远是我们家的支柱，我们都很需要你们”。如果有具体的计划或安排，可以主动分享给父母，让他们感受到被重视。例如，“我打算这个周末带你们去医院检查一下身体，你们提前安排一下时间”。

鼓励父母保持积极心态：鼓励父母保持积极的心态，不要因为身体的变化而感到沮丧。例如，“爸妈，虽然你们的身体不如以前，但依然要保持积极的心态，我们一起努力，让生活更美好”。

如果故事中的小成只理解父母抱怨“我们老了，不中用了”的表面意思，而没有察觉父母话语背后的无奈，以及渴望得到子女的关心，可能会误以为父母是在简单地感叹自己的衰老，而没有意识到父母可能在寻求他的帮助或陪伴。这可能导致小成继续沉浸在自己的世界里，忽视父母的实际需求。其次，小成可能会因为父母的抱怨而感到烦躁，从而产生抵触情绪，进一步加剧亲子关系的紧张。此外，如果小成没有理解父母的真正意图，可能会错过与父母增进感情的机会，影响家庭的和谐氛围。

47 父母说“你爸/妈最近身体不太好”：是告知健康状况，还是隐形责备？

春节回家的第三天，母亲在饭桌上突然对小敏说：“你爸最近身体不太好。”父亲低头扒饭，筷子在碗沿儿磕出轻响。

“去医院检查了吗？”小敏紧张地问。

“老毛病了。”父亲说道，“你工作忙，不用担心。”

窗外炸开的烟花，照亮父亲鬓角新冒出的老年斑。小敏想起上个月拒接了五个母亲的来电。

“初七我带你去市医院检查一下。”小敏夹了块鱼放到父亲的碗里。

父亲把鱼拨到碗边，说道：“你妈就爱夸张。”

如何把握父母话语的含义

当父母说“你爸 / 妈最近身体不太好”的时候，应该把握以下重要信息：

父母的健康状况：父母提到身体不适，可能是希望子女关注他们的健康状况。即使是“老毛病”，也可能需要进一步检查和关注，不可忽视。

父母的担忧：父母可能担心自己的健康问题会影响家庭，希望子女能理解并给予支持。

需要陪伴和支持：父母可能希望你有更多的时间陪伴他们，给予他们情感上的支持。此时的父母可能感到孤独或无助，希望子女能陪他们去医院检查，或者多关注他们的身体变化。

家庭责任：父母可能希望你能承担起家庭责任，关注他们的健康，确保他们得到适当的照顾。

父母可能的言外之意

当父母说“你爸 / 妈最近身体不太好”时，可能包含以下言外之意：

① “希望你能多关注我们的健康状况。”

父母可能希望你能更多地关注他们的健康状况，给予他们更多的关心和支持，多抽空陪伴他们。

② “希望你能多和我们沟通，了解我们的需求。”

父母可能希望你能多和他们沟通，了解和满足他们的需求，给予他们更多的关注和支持。

③ “希望你能多分担家庭事务，减轻我们的负担。”

父母可能希望你能多参与家庭事务，减轻他们的负担，让他们安度晚年。

得体的应对策略

询问病情、表达担忧

用温和、关切的语气详细询问父母身体不适的具体情况，更准确地了解父母病情的严重程度和持续时间。这种情感的表达能让父母感受到子女的孝心，也能拉近彼此心灵的距离，让他们更愿意和你分享自己的身体状况。

协助就医

可以主动提出带父母去医院检查身体，并做好协助挂号、陪同就医等工作。

日常照顾

根据父母的身体状况，为他们准备合适的饮食。也可以咨询医生或者营养师，根据父母的病情制订科学的饮食计划。

心理关怀

父母生病后可能会出现情绪低落、焦虑等心理问题。要多和他们聊天，倾听他们的心声，给予他们心理支持。也可以陪他们一起看他们喜欢的节目、听音乐等，转移父母的注意力，减轻他们的心理压力，让他们更多地感受生活的乐趣，增强心理的愉悦感。

如果故事中的小敏只理解父母说“你爸/妈最近身体不太好”的表面意思，而没有察觉话语背后的担忧和需要关注的信号，可能会误以为父亲的身体问题只是小毛病，不需要特别重视，从而忽视了父亲身体可能存在的健康隐患。其次，小敏可能会因为觉得父亲在轻描淡写，而没有意识到父母希望她能更多地关注和陪伴自己，而错过了解父母真实需求的机会。此外，如果小敏没有理解父母的真实意图，可能会继续忙于自己的工作，忽视父母的健康状况，导致父母身体状况恶化，甚至造成无法挽回的悲剧。

48 母亲抱怨“家里太乱了”：仅仅是对环境不满，还是渴望有人分担家务？

周末的午后，母亲弯下腰吃力地捡起地板上的玩具车，叹了口气，无奈地说：“家里太乱了，连个落脚的地方都没有。”

父亲头也不抬地刷着手机，说道：“等会儿我收拾。”

儿媳从房间探出头来，说道：“妈，我哄小宝睡着就出来整理！”

母亲攥着抹布，用愤怒的目光扫过堆满杂物的茶几、散落的零食袋、阳台上积灰的花盆。

父亲终于放下手机，语气无奈地说：“我们又不是不打扫，至于发火吗？”

母亲张了张嘴，最终默默地拧开水龙头。父子俩对视一眼，各自低头忙起手头的事情……

如何把握父母话语的含义

当母亲抱怨“家里太乱了”的时候，作为孩子应该把握以下关键信息：

母亲的真实感受： 母亲的抱怨不仅仅是对环境的不满，更可能是她内心疲惫、压力大的一种表达。她可能在暗示家人自己已经很辛苦了，需要帮助和支持。

家庭分工的不平衡： 母亲的抱怨可能在暗示家庭分工不均衡。母亲可能觉得其他家庭成员没有承担足够的家务，导致她一个人承担了大部分的清洁和整理工作，因此，母亲会感到不公平。

沟通和表达的需求： 母亲的抱怨可能是她希望改善现状的一种方式，但又不知道如何直接表达。她可能希望家庭成员能够主动承担家务，或者希望大家一起讨论如何更好地管理家庭环境。作为孩子，应该主动倾听母亲的真实需求。

潜在的情绪积累： 母亲的愤怒和无奈可能不仅仅是因为眼前的杂乱，而是长期积累的情绪的一种爆发。母亲可能已经多次感到被忽视，或者觉得自己的付出没有得到认可。

父母可能的言外之意

当母亲抱怨“家里太乱了”时，可能包含以下言外之意：

① “我希望你能自觉保持家里的整洁。”

母亲可能希望你能保持家里的整洁和秩序，或者主动承担起部分家务，让家里看起来舒适、温馨。

② “我希望你能多和家人共同维护家庭环境。”

母亲可能希望你能多和家人沟通，共同维护整洁、舒适的家庭环境。

③ “我希望你能花时间打理家务。”

母亲可能希望你能够抽出时间打理家务，减轻她的负担，共同营造良好的居住环境。

得体的应对策略

及时响应，表达理解

首先要让母亲感受到你的理解和支持，让母亲知道你听到了她的抱怨，也理解她的感受。

安抚情绪

如果母亲情绪比较激动，可以先安抚她的情绪。比如，“妈，您先别着急，我马上来帮忙整理”或者“妈，您先休息一下，我把这里收拾出来”。

主动分担家务

不要只是嘴上说说，而要立刻行动起来。如果家里还有其他成员（比如父亲、兄弟姐妹、爱人等），可以主动组织大家一起参与。这样不仅能减轻母亲的负担，还能营造一个积极的家庭氛围。

制订家务分工计划

和母亲一起商量，制订一个合理的家务分工计划。除了当下的整理任务，还可以和母亲一起讨论如何避免家里再次变乱。

表达对母亲的关心和感谢

在整理的过程中，可以适时地感谢母亲平时的付出。比如，“妈，您平时照顾家里真的太辛苦了，谢谢您！”这样才能让母亲感受到家庭成员对她的认可和尊重。

如果故事里的家人只理解母亲抱怨“家里太乱了”这句话的表面意思，可能会误以为母亲是无理取闹，因为她没有直接表达内心的想法，而是通过愤怒的目光和叹气等方式来表达不满，容易让家人觉得她在无端发泄情绪，而忽略了她在求助的真实意图。这种表面的误解可能导致家庭矛盾升级，影响家庭氛围和家庭成员之间的关系。

三

与孩子相处的潜台词

49 孩子抱怨“总说这些干吗”：是嫌父母唠叨，还是不想暴露自己生活的状态？

周末的餐桌上，儿子低头刷着手机，筷子在碗里拨弄两下就放下了。

“最近工作还顺利吗？”母亲给儿子夹了块排骨，关心地问道。

“还行。”儿子没抬头，漫不经心地回答道。

“上次说的那个项目怎么样了？”父亲拿起筷子夹了口菜，问道。

“就那样。”儿子皱起了眉头，不耐烦地说道。

母亲犹豫了一下，鼓起勇气说：“你张阿姨的儿子年底要升职了……”

“总说这些干吗？”儿子突然放下手机，有些生气地说，“每次回来都说这几句，你们烦不烦？”

父亲放下筷子，母亲低头舀汤。窗外，邻居家的笑声隐约传来……

如何把握孩子话语的含义

当孩子抱怨"总说这些干吗"时，父母应该把握以下重点信息：

孩子情绪的来源： 孩子可能因为工作压力大、社交困扰等因素情绪不佳，或者对父母的某些话题感到厌烦，从而产生抵触情绪。

比较会给孩子带来较大压力： 孩子可能对父母总是拿自己和别人比较感到十分厌烦。这种比较让孩子觉得自己不够优秀，从而增加了心理压力。父母应该意识到，频繁地比较会让孩子觉得自己被当作了竞争工具。

对沟通内容不满： 孩子可能觉得父母的这些话题过于敏感或不恰当。例如故事中的父母提到张阿姨的儿子升职，这可能让孩子觉得父母只关心子女的成就，而忽视了他的感受。

沟通方式的改善需求： 孩子的抱怨可能是在暗示父母需要改善沟通方式。父母可以尝试更加开放的沟通方式，多倾听孩子的想法，而不是单方面地提问或比较。

孩子可能的言外之意

当孩子对父母抱怨"你们总说这些干吗"时，可能有以下言外之意：

① "你们说的这些我已经知道了，不用再重复。"

孩子可能觉得父母反复强调某些事情很多余，从而产生了逆反心理。

② "不想被父母唠叨，感觉有点不耐烦了。"

父母的反复唠叨，让孩子感到不耐烦或烦躁。

③ "我希望你们能用更积极的方式和我交流。"

孩子可能觉得父母的提醒或批评总是带有负面情绪，希望父母能用更积极的方式和自己交流。

④ "希望父母能关注自己的其他方面。"

孩子可能觉得父母总是关注某个问题，而忽略了自己的其他优点或需求。

得体的应对策略

保持冷静，避免冲突升级

父母首先要保持冷静，不要因为孩子的抱怨而生气或感到被冒犯。例如，父亲可以平静地说，“我们也是关心你，可能有些话说得让你不舒服了，我们以后注意”。

倾听孩子真实的感受

父母可以主动询问孩子的感受。例如，母亲可以说：“我们注意到你有些不高兴，是不是我们说的有些话让你觉得不舒服？”

调整沟通方式和内容

父母可以改变沟通方式，避免过于直接或频繁地询问工作情况。另外，和孩子交流时，父母应该调整沟通内容，避免过多比较。

反思自己的行为

父母也需要反思自己的行为，审视自己是否过于关注孩子的成就，而忽视了孩子的感受。通过反思，父母可以更好地调整自己的行为，避免类似情况发生。

当孩子抱怨“总说这些干吗”时，如果父母只理解孩子的表面意思，认为孩子只是在抱怨他们唠叨，可能会引起诸多误会和麻烦。父母可能会觉得孩子不理解他们的良苦用心，认为孩子过于敏感、不懂事，甚至觉得孩子不尊重他们、不愿面对现实。这种误解可能会导致父母在后续和孩子的沟通中更加严厉或冷漠，加剧亲子双方的矛盾。孩子可能也会因为觉得父母没有真正理解自己，而更加抵触与父母交流，甚至可能产生更强烈的逆反心理。

50 孩子说"我在外面挺好的"：这句话里藏着多少独自承担的压力？

深秋的傍晚，老周夫妇接到了儿子的视频电话。屏幕里，儿子小周穿着单薄的衬衫，背后是狭小的出租屋。

"爸，妈，我在外面挺好的。"他笑着说，声音听起来十分轻快。

妈妈关心地问："嗓子怎么哑了？是不是感冒了？"

"没事妈，刚和同事聚餐，喝了点酒。"他摆摆手说。

父亲叹了口气，问道："房租交了吗？钱够用吗？"

"够用，公司刚发了奖金。"他低头整理衣领时，袖口的线头一闪而过。

沉默片刻，妈妈轻声问："要不要回家休息一段时间？"

儿子尽量表现得平静，说道："我这儿真的挺好的，你们放心吧！"

儿子的视频挂断后，老周夫妇呆呆地望着屏幕，谁也没再说什么……

如何把握孩子话语的含义

当孩子说“我在外面挺好的”时，父母应该把握以下重要信息：

关注孩子的健康状况： 此时，父母应关注孩子身体是否健康，提醒孩子多喝水、注意添减衣物、规律作息等。

关注孩子的情感状态： 当孩子说“我在外面挺好的”时，可能是不想让父母担心，故意营造出轻松愉快的氛围。父母需要透过孩子表面的情绪，关注孩子可能隐藏的焦虑、孤独或者压力等。孩子说这句话，在一定程度上也反映出孩子对家和家人的思念及渴望。

关注孩子的真实生活情况： 父母需要关注孩子的生活费用是否充足。孩子孤身在外，如果经济较为紧张，父母可以给予适当的经济支持或者提供合理的理财建议。

生活环境和社交情况： 孩子背后狭小的出租屋可能暗示他的生活环境并不理想。父母可以询问孩子居住环境是否安全、舒适，以及他和同事、朋友的相处情况。

孩子可能的言外之意

当孩子对父母说“我在外面挺好的”时，可能有以下言外之意：

① “我遇到了困难，但不想让你们担心。”

孩子可能在外面遇到了一些问题或困难，但不想让父母担心，所以选择了回避和隐瞒。

② “我需要一些空间，不想被过多干涉。”

孩子可能希望父母不要过多干涉自己的生活，给自己一些独立的空间。

③ “我在适应新环境，需要一些时间。”

孩子可能刚刚毕业或者离开家，正在适应新的环境和生活方式，不希望父母过于担心。

4 “不想让父母觉得我离不开他们。”

孩子可能希望证明自己已经足够成熟，能够独立地生活，不想让父母觉得自己还是一个离不开家庭的小孩子。

得体的应对策略

表达关心

父母可以用温和、关切的语气询问孩子近期的情况，而不是直接质疑或者表现出强烈的担忧。

鼓励孩子分享

日常交流中，父母可以引导孩子主动分享生活中的点滴，而不是仅仅停留在“挺好的”这个笼统的答复上。

提出合理建议

父母可以基于观察到的情况给出合理的建议（如“要是工作压力大，可以适当放松一下，别硬扛着”），这样既能让孩子感受到父母的理解和支持，又不会让孩子觉得父母在过度干涉自己的生活。

关注孩子的变化

日常联系时，父母需要注意孩子的情绪和生活状况的变化。如果发现孩子情绪低落或者生活上有困难，要及时给予关心和帮助。

故事中的老周夫妇如果只理解儿子说“我在外面挺好的”这句话的表面意思，会认为儿子在外独自生活没有遇到任何问题，这样会引起一些误会和麻烦。他们可能会觉得儿子在外生活和工作一切安好，无须过多操心，从而忽视了儿子可能面临的实际困难。如果父母不深入了解儿子的真实情况，可能会错过帮助儿子解决问题的机会。长此以往，可能会导致儿子在外遇到困难时，因不想麻烦父母而独自承受压力，这样不仅影响小周的身心健康，也会让父母错过与儿子深入沟通、给予支持的机会。

51 孩子说“我自己能处理”：是拒绝帮助，还是独立宣言？

凌晨，家里的大门被打开了。李芳从沙发上弹起，只见儿子陈默头发凌乱，校服的袖口沾着暗红污渍。

“小默，跟同学打架了？”她上前去要为儿子检查伤口，却被一把推开。

“别碰我，我自己能处理。”陈默一脸不耐烦，径直走向卫生间。

陈建民关掉电视，皱着眉喊道：“你这是什么态度！在学校出了什么事？”

“我又不是小孩子，你们别管我！”刺耳的关门声回荡在客厅里。

李芳盯着儿子脱下的校服，指甲深深地掐进掌心……

如何把握孩子话语的含义

当孩子说“我自己能处理”时，父母需捕捉以下重点信息：

情绪信号：孩子可能在掩饰自己焦虑、恐惧或尴尬（如打架后的慌乱）的情绪，表面的“不耐烦”可能是在掩盖内心的脆弱。

事件严重性：通过观察外在线索（如校服污渍、肢体异常等），判断是否涉及安全隐患（受伤、校园冲突等），避免低估问题的复杂性。

独立诉求与能力匹配：青春期的孩子常因自尊心较强不愿示弱，但实际可能缺乏经验。

孩子可能的言外之意

当孩子对父母说“我自己能处理”时，可能包含以下言外之意：

① “我需要独立解决问题的机会。”

孩子可能希望展示自己的能力，独立处理问题，以证明自己已经成熟和有能力。

② “我不想让你们担心。”

孩子可能遇到棘手的问题，但不想让父母担心，所以选择独自面对。

③ “我不想让你们知道我在做什么。”

孩子可能在做某些不想让父母知道的事情。

④ “我不想让你们插手，因为你们之前的方式让我感到不舒服。”

孩子可能觉得父母之前的干预方式让自己感到压抑或不舒服，所以希望父母不要再插手自己的事情。

得体的应对策略

判断事件性质与孩子的状态

通过孩子的肢体语言（如眼神躲闪、动作慌乱等）、环境线索（如受伤、物品或着装异常等），判断是否存在安全隐患（如伤口感染、校园欺凌等）。

用共情替代质疑，用支持替代控制

- 对孩子的独立性表示认可，建立沟通基础
- 正向引导，让孩子主动求助
- 做孩子坚强的后盾，并给足体面

强化信任，深化亲子联结

事件解决后，找机会和孩子谈谈心，引导孩子说出自己真实的感受，增强对孩子的了解。

当孩子说“我自己能处理”时，若父母只理解这句话的表面意思，可能会以为这不过是孩子青春期的正常表现，便放任孩子独自面对问题。可实际上，故事中的陈默校服袖口有暗红色的污渍、头发凌乱等细节，都暗示事情的发展或许比表面严重。父母的漠视会让孩子觉得不被关心，内心的委屈与无助无处倾诉，甚至可能因独自处理问题的方式不当，陷入更深的麻烦中。当父母面对类似问题放任不管时，往往会加深亲子间的隔阂，孩子会认为父母冷漠、不重视自己，日后更不愿向父母吐露心声，从而给家庭关系蒙上阴影。

52 孩子说“你们根本不懂”：是对代际鸿沟的无奈，还是渴望被理解的呐喊？

周末，小雨的手里抱着一本漫画书，津津有味地看着。这时，妈妈走过来，轻声说道：“小雨，你已经看了很久漫画了，休息一下眼睛吧！”

小雨抬起头，眼神里带着一丝不耐烦：“我喜欢看漫画书，你们不要管我。”

妈妈叹了口气，说：“可是，看漫画不能占据你所有的时间呀，你还要学习呢。”

小雨猛地把漫画书往沙发上一扔，大声喊道：“你们只知道让我学习，从来都不关心我喜欢什么！”

爸爸听到声音，从书房走出来，语气有些严肃，说道：“小雨，你不能这么任性。”

眼泪在小雨的眼眶里打转，她委屈地说：“你们根本不懂我，我讨厌你们总是这样！”

说完，她转身跑进了自己的房间，重重地关上了门……

如何把握孩子话语的含义

当孩子对父母说“你们根本不懂”时，父母应捕捉以下关键信息：

情绪信号：孩子此时可能正处于强烈的情绪波动中（如委屈、愤怒、失望），需要先关注孩子的情感需求，而非急于反驳或说教。

深层需求的表达：可能是在表达“我需要被倾听”“我的感受很重要”等信息，或是对亲子互动模式（如控制型教育）的抗议。

沟通断层：当前亲子之间的交流方式存在问题，孩子认为父母的回应未能触达其真实想法（如仅用“学习优先”否定孩子的兴趣爱好）。

孩子可能的言外之意

当孩子对父母说“你们根本不懂”时，可能有以下的言外之意：

①“你们不理解我的感受和想法。”

孩子可能觉得父母没有真正倾听他们的感受或想法，或者对他们的经历和情绪缺乏共鸣。

②“你们总是用你们的经验来评判我。”

孩子可能觉得父母总是用过去的观念或经验来评判自己的行为，而没有考虑到自己所处的环境和时代的变化。

③“我需要你们的理解和支持。”

孩子可能希望父母能够给予自己支持和理解，而不是一味地批评或指责。

④“我可能正在经历一些你们不知道的事情。”

孩子可能正在经历一些困难或压力，但没有机会和父母分享，希望父母能够主动关心自己。

得体的应对策略

保持冷静

孩子可能因为情绪激动而说出这样的话，父母首先要保持冷静，避免情绪过于激动，以免加剧矛盾。

倾听孩子的感受

孩子可能觉得父母没有理解自己的感受和想法。此时，父母需要耐心倾听孩子的感受，尝试站在孩子的立场看待问题。

表达愿意学习的意愿

父母可以承认自己可能在某些方面做得不够好，表达自己有意愿学习和改进。

保持开放的沟通渠道

父母和孩子之间需要建立足够的信任，保持开放的沟通渠道，让孩子愿意和父母分享自己的想法和感受。

如果父母仅从表面理解孩子说的“你们根本不懂”，可能误以为孩子只是单纯发泄因看漫画被父母阻止而产生的不满，觉得孩子任性、不懂事。这会导致父母进一步采取强硬措施，比如没收漫画书、限制娱乐时间，却忽略了孩子内心真正的情感需求。孩子会感觉自己不被理解和尊重，从而加深亲子间的隔阂，甚至让孩子产生严重的逆反心理，出现故意与父母作对、拒绝沟通等行为。长此以往，父母不仅无法解决孩子如何分配娱乐与学习时间的问题，还会破坏亲子关系，使孩子对父母紧闭心扉，形成恶性循环，进而影响家庭氛围和孩子的心理健康。

53 孩子说“等我有空再说”：是拖延回应，还是逃避与父母的深入交流？

餐桌前，父亲放下体检报告，忧心忡忡地对儿子说：“下周陪我去趟医院吧！”

儿子盯着手机屏幕，漫不经心地说：“爸，这周项目验收，等我有空再说。”

母亲把汤端上饭桌，对儿子说：“医生说你爸的咳嗽……”

“最近太忙了，等有空再说。”儿子的眼睛始终没有离开手机屏幕。

第二天早晨，阳光透过窗帘，照见餐桌上冷掉的早餐。

儿子匆匆的关门声音，盖过了房间里老父亲压抑的咳嗽声……

如何把握孩子话语的含义

当孩子对父母说“等我有空再说”时，父母需要敏锐地把握以下关键信息：

孩子的情绪状态： 孩子可能因为工作或学习压力过大，感到不堪重负，这种消极回应可能是他们情绪疲惫的表现。

孩子的实际困难： 孩子可能并非不想帮忙，而是因为当前任务紧急，无法抽出时间。

孩子对父母需求的重视程度： 孩子可能没有意识到父母身上问题的严重性，或者认为自己的问题更紧急。

孩子的沟通意愿： 孩子可能只是希望父母理解他们的难处，而不是完全拒绝沟通。

孩子可能的言外之意

当孩子对父母说“等我有空再说”时，可能包含以下言外之意：

① “我目前真的很忙，但我会尽量抽时间。”

孩子可能正处于一个工作或学习的忙碌期，比如项目截止日期、考试周或重要任务阶段。他并不是不想帮忙，而是实在抽不出时间。

② “我意识到这个问题很重要，但我不知道怎么解决。”

孩子可能意识到父母的需求很紧急，但他自己也没有好的解决方案，或者不知道如何平衡家庭和自己的工作。

③ “我希望你们能给我一些时间和空间。”

孩子可能希望父母能给他一些时间来处理自己的事务，同时也能让他冷静下来，思考如何更好地应对家庭问题。

得体的应对策略

共同探讨解决方案

和孩子一起探讨如何在忙碌中找到时间。例如，“如果你这周实在抽不开身，能不能周末陪我们去医院？”

提供支持和帮助

如果孩子确实很忙，父母可以在其他方面提供支持，比如帮忙照顾孩子、处理家务等。

强调事情的紧急性和重要性

如果事情确实紧急，需要让孩子明白情况的严重性。例如，“你爸的咳嗽已经很久了，医生建议尽快检查，我们都很担心”。

表达期望

用温和的方式表达对孩子的期望。例如，“希望你能抽时间陪我们去趟医院，检查一下就放心了”。

当父母仅从表面理解孩子“等我有空再说”的回应，可能会引发多重问题。情感上，父母容易误以为孩子冷漠，错过孩子需要情感支持的信号，导致亲子关系疏远；沟通模式上，会形成“回避型互动”，让亲子交流局限于表面，也为未来的亲子矛盾埋下隐患；代际认知方面，父母用传统的家庭观衡量现代年轻人面临的职场压力，容易让孩子产生对立情绪，也容易忽视孩子消极回应背后的情感需求。

54 孩子问“我小时候是什么样的”：是对自己成长好奇，还是想拉近与父母的情感距离？

周末的午后，温暖的阳光洒进客厅，小然翻着老旧相册，突然抬头看向正在织毛衣的妈妈，问道：“妈妈，我小时候是什么样的？”

妈妈的手停顿了一下，说道：“就……跟别的孩子一样，爱哭爱闹，也调皮。”

一旁看报纸的爸爸摘下眼镜，皱起眉头，不耐烦地说：“问这个干什么？不好好学习尽想些没用的。”

小然有些失落，手指摩挲着相册的封面，委屈地说：“我就是想知道，我小时候你们是不是经常陪我。”

爸爸不耐烦地抖了抖报纸，起身走进书房。妈妈欲言又止，继续低头织毛衣……

如何把握孩子话语的含义

当孩子向父母询问“我小时候是什么样的”时，父母需把握以下关键信息：

情感需求的表达：孩子可能想通过回忆童年，确认自己在父母心中的重要性，寻求安全感与被父母爱的证明。

自我认知的探索：童年经历是自我认知的基石，孩子可能想通过了解过去，知晓自己从哪里来，从而构建完整的自我形象。

亲子联结的渴望：询问背后可能隐藏着孩子“希望父母多关注我”的诉求，期待通过共同回忆拉近与父母的情感距离。

对成长的好奇：孩子正处于对生命起源、童年变化充满好奇的阶段，希望从父母口中获取真实的成长细节。

孩子可能的言外之意

当孩子向父母询问“我小时候是什么样的”时，可能有以下几种言外之意：

① “我想了解自己的过去。”

孩子可能对小时候的事情感到好奇，尤其是那些他们没有记忆的阶段。他们希望通过父母的描述，填补记忆中的空白，构建更完整的自我认知。

② “我希望从父母那里得到肯定和认同。”

孩子可能希望从父母那里听到自己小时候的可爱、聪明或乖巧之处，从而获得情感上的满足和认同感。

③ “我想知道你们在乎我。”

孩子可能在试探父母是否关注他们的成长过程，是否记得他们小时候的事情。这反映了孩子对父母情感投入的渴望。

④ “想知道我是否一直被父母深爱着。”

孩子可能在潜意识里希望确认自己是否一直被父母爱着，即使在小时候也是如此。

得体的应对策略

识别需求

不直接回答，先通过提问捕捉孩子的真实诉求。

期待与接纳的双向表达

打破“父母只期待孩子完美”的刻板印象，传递“爸爸妈妈爱真实的你”的情感。例如，“怀你时我总幻想你会是个安静的小书虫，结果你从小就爱爬高走低，但是你充满活力、敢于尝试的样子，比我想象中更鲜活可爱”。

代际联结

用父母的童年故事拉近与孩子的距离，暗示“爸爸妈妈曾经和你一样”，减少隔阂感。例如，“你小时候总喜欢玩妈妈的口红，把脸涂得像小花猫。这让妈妈想起小时候偷穿外婆的高跟鞋的样子”。

当孩子因不安而提问（如家庭变动后）

明确告诉孩子“现在不管发生什么变化，我们爱你的心和之前一样”。

故事中的父母如果只理解小然询问“我小时候是什么样的”这句话的表面含义，没有察觉孩子内心的真实需求，可能会误以为小然只是在闲聊，而没有意识到孩子其实渴望了解自己在成长过程中父母给予的陪伴和关爱，那么就会因此表现出不耐烦，甚至批评孩子不好好学习。故事中的妈妈虽然没有直接批评小然，但也没有及时回应孩子的内心需求，只是简单地描述了孩子小时候的普通行为。故事中父母的反应可能会让孩子不再愿意主动与父母分享自己内心的真实想法，甚至产生对父母陪伴缺失的误解和怨念，进而影响亲子关系。

55 孩子说“我想把房门锁上”：是需要个人空间，还是有秘密不想被发现？

小雅手里拿着一把小锁，眼神有些犹豫地看向爸爸妈妈。

“妈妈，爸爸，我想把房门锁上。”小雅说道，声音里带着一丝紧张。

妈妈抬起头，一脸惊讶地问道：“锁门？为什么呀？”

小雅低声说：“我……我只是想有自己的空间。”

爸爸皱了皱眉，关切地问道：“我们是一家人，有什么好锁门的？是不是在学校遇到什么麻烦了？”

小雅摇了摇头，眼神里闪过一丝委屈：“你们总是随意进出我的房间，我感觉没有隐私。”

妈妈叹了口气，和爸爸面面相觑，不知该如何是好。

如何把握孩子话语的含义

当孩子要求锁上房间门时，父母若想捕捉其行为传递的信号，需要重点把握以下信息：

孩子在构建“心理边界”： 孩子出现类似行为时，不是“叛逆”或“疏远父母”的表现，而是成长阶段正常的心理需求。

孩子对尊重的迫切呼唤： 若父母长期习惯性、未经允许进出孩子房间、翻动孩子物品，孩子会通过锁门表达不满，传递“这是我的独立空间”的诉求。

情绪状态预警： 若孩子的状态从“不锁门”突然转为“频繁锁门且回避交流”，需警惕是否因学业压力、人际困扰或家庭矛盾（如父母争吵）产生逃避心理。

对亲子关系的隐性反馈： 孩子是否愿意敞开房门，本质上与“父母是否尊重我”密切相关。若父母曾嘲笑孩子的喜好（如追星、写小说等），泄露秘密（如向亲戚公开成绩等），孩子会通过锁门建立防御机制。

孩子可能的言外之意

当孩子说“我想把房门锁上”时，可能隐藏以下言外之意：

① “我需要一些独处的时间。”

孩子可能希望在自己的房间里安静地休息、学习或做自己喜欢的事情，不被打扰。

② “我需要一些隐私空间。”

孩子可能希望在自己的房间里做一些私密的事情，比如写日记、换衣服、消化情绪、探索兴趣爱好、处理人际关系等，不希望被家人打扰。

③ “我感到不安全，需要保护。”

孩子可能因为某些原因感到不安全，比如父母经常不经过孩子允许就进入房间。

④ “我需要相对安静的环境。”

孩子可能希望有一个安静的环境，以便更好地学习或休息。

⑤ “我在做不希望被发现的事情。”

孩子可能在房间里做某些事情，比如玩游戏、看视频等，不希望被父母发现。

得体的应对策略

当孩子说“我想把房门锁上”时，父母的应对方式至关重要。以下是一些具体的应对策略：

保持冷静，避免情绪化反应：当孩子有类似要求时，父母的第一反应往往是感到意外或不理解，但此时要避免立即否定孩子的想法，尽量保持语气平和，避免让孩子感到被指责或不被理解。

表达理解和尊重孩子的隐私：明确告诉孩子父母理解他们的需求，例如，“你长大了，有自己的想法和隐私，妈妈认为这是好事”。并表示尊重孩子的决定，例如，“这是你的房间，你有权决定是否锁门”。

关注孩子状态，避免过度解读：在此期间，父母需要格外关注孩子的状态，必要时可以提供帮助。另外，孩子的隐私意识增强是成长的正常表现，作为父母不要过度解读。

建立家庭规则，平衡隐私与安全：和孩子一起讨论并制定家庭规则。例如，“你锁门的时候，我们不会随意进入，但如果有紧急情况，我们会敲门询问是否可以进入房间”。

强调沟通的重要性：让孩子知道，如果有任何问题，随时可以和父母沟通，父母会在允许的范围内提供帮助。

如果父母只理解小雅要求锁门的表面意思，而没有深入探究她的内心想法，可能会引起一系列的误会和麻烦。首先，父母可能会误以为小雅在学校遇到了问题，比如被同学欺负或者有其他不良行为等，从而过度担忧甚至追问细节，给小雅造成更大的心理压力。其次，他们可能会认为小雅在有意疏远家人，对家庭关系产生怀疑，甚至觉得小雅不信任他们，从而引发家庭矛盾。此外，如果父母不理解小雅对隐私的需求，可能会继续随意进出她的房间，进而导致小雅产生抵触情绪，影响亲子关系等。

56 孩子说“工作忙”：是工作压力大，还是需要建立新的生活？

深秋的傍晚，老式单元楼的灯光零星亮起。王秀兰握着温热的手机，望着餐桌上已经冷掉的四菜一汤，第三次按下儿子的号码。

“妈，我在加班呢，有事吗？”听筒里传来儿子敲击键盘的声音。

李建国从藤椅上站起来，凑近手机关切地说道：“工作别太累，有空回……”

“爸，我这有紧急项目，工作忙，先挂了。”儿子说完便慌忙挂断了电话。

忙音像剪刀一样剪断了两位老人悬在半空的那句“有空回家看看”。

如何把握孩子话语的含义

父母在理解孩子说“工作忙”时，需把握以下重点信息：

区分真假忙碌：观察孩子交流时的状态，如语气是否疲惫、沟通是否连贯、挂电话是否匆忙等，判断是阶段性任务繁重，还是习惯性回避与父母交流。

关注潜在需求：孩子口中的“忙”，背后可能是工作压力大、身体透支或遇到职场困境等，可以尝试询问细节。例如，“工作遇到什么困难了吗？”挖掘孩子的真实状态，避免只停留在让孩子“注意身体”的表层关怀。

识别情感信号：准确识别孩子是否需要平衡父母的关心和边界感，避免过度追问引发抵触情绪。

孩子可能的言外之意

孩子对父母说“工作忙”时，可能隐藏以下言外之意：

① “我现在工作压力很大，需要你们理解。”

孩子可能正面临工作上的高强度任务或压力，希望父母能够理解他们的处境，而不是责备或施加更多压力。

② “我可能暂时没办法满足你们的期望或需求。”

孩子可能意识到父母有某些期望（比如陪伴、帮忙等），但因为工作忙而无法做到，内心感到愧疚或不安。

③ “我需要一些时间和空间来应对工作压力。”

孩子可能希望通过减少其他事务的干扰，集中精力应对工作中的挑战。

④ “我可能在工作上遇到了困难，需要时间解决。”

孩子可能在工作中遇到了棘手的问题，需要集中精力去解决，暂时无法分心处理其他事情。

得体的应对策略

接纳情绪

例如，回应时先肯定孩子的辛苦：“最近确实不容易，妈妈听着都心疼。”避免直接说教，如：“年轻人哪有不忙的。”让孩子感受到自己是被理解的。

深入沟通

和孩子深入沟通，降低其防御心理。例如，“如果需要妈妈帮忙，随时告诉我，我们一起想想办法”。

创造“轻量陪伴”的机会

尝试以“短平快”的方式与孩子互动（如周末送饭后即离开等），不让陪伴成为孩子的负担。

明确“父母永远是你坚强的后盾”

当孩子情绪或身体状况不佳时，可以跟孩子说“要是累了，回家住几天”，让孩子知道“工作忙”不是生活的全部，家是可以停靠的港湾。

故事中父母若仅将孩子口中的“工作忙”视为其客观陈述，可能会引起以下误解：首先，将亲子关系中的情感疏离误判为职场压力，忽略孩子回避交流的潜在信号；其次，父母对孩子的情感需求被合理化压抑，老人会主动缩减情感诉求，用“不给孩子添乱”的道德枷锁禁锢自己的真实渴望；更严重的是，父母有可能出现采取极端方式寻求孩子关注（如装病）的情况，作为儿女，则有可能因愧疚感加重逃避心理。